Büchner · Woyzeck

D0995252

Georg Büchner
Woyzeck

Studienausgabe

Nach der Edition
von Thomas Michael Mayer
herausgegeben
von Burghard Dedner

Philipp Reclam jun. Stuttgart

Mitarbeit und Redaktion: Gerald Funk

RECLAMS UNIVERSAL-BIBLIOTHEK Nr. 18007
Alle Rechte vorbehalten
© 1999 Philipp Reclam jun. GmbH & Co., Stuttgart
Gesamtherstellung: Reclam, Ditzingen. Printed in Germany 2006
RECLAM, UNIVERSAL-BIBLIOTHEK und
RECLAMS UNIVERSAL-BIBLIOTHEK sind eingetragene Marken
der Philipp Reclam jun. GmbH & Co., Stuttgart
ISBN-13: 978-3-15-018007-5
ISBN-10: 3-15-018007-4

www.reclam.de

Lese- und Bühnenfassung

‹Personen

Franz Woyzeck
Marie Zickwolf
Christian, ihr Kind,
    etwa einjährig
Hauptmann
Doctor
Tambourmajor
Unterofficier
Andres
Margreth
Marktschreier, Ausrufer
    einer Bude
Alter Mann
Tanzendes Kind
Erster Handwerksbursch
Zweiter Handwerksbursch
Narr Karl
Der Jude
Großmutter
Erstes Kind
Zweites Kind
Erste Person
Zweite Person
Wirth
Käthe
Gerichtsdiener

Barbier
Arzt
Richter
Polizeydiener

Soldaten, Handwerksburschen, Leute, Mädchen
und Kinder)*

* Personenverzeichnis vom Herausgeber.
  Der Dramentext in **Halbfett** folgt der letzten überlieferten Handschrift
  H 4 (vgl. Nachwort S. 201 ff.); der Text in magerer Schrifttype ist aus den
  früheren Entwürfen ergänzt (Antiqua aus H 1, Grotesk aus H 2); Namen
  (Marie und Franz Woyzeck) sowie Figurenbezeichnungen (Tambourmajor) der Hauptpersonen wurden nach Maßgabe von H 4 vereinheitlicht
  und erscheinen ggf. auch in **Halbfett**.
  ⟨ ⟩ = Herausgebertext.
  +++ = unleserliche Buchstaben.

⟨1⟩

Freies Feld. Die Stadt in der Ferne.

Woyzeck und Andres
schneiden Stöcke im Gebüsch.

5 **Woyzeck.** Ja Andres; den Streif da über das Gras
hin, da rollt Abends der Kopf, es hob ihn einmal
einer auf, er meint es wär' ein Igel. Drei Tag und
drei Nächt und er lag auf den Hobelspänen (leise)
Andres, das waren die Freimaurer, ich hab's, die
10 Freimaurer, still!
Andres. (singt)
      Saßen dort zwei Hasen
      Fraßen ab das grüne, grüne Gras
Woyzeck. Still! Es geht was!
15 **Andres.**
      Fraßen ab das grüne, grüne Gras
      Bis auf den Rasen.
Woyzeck. Es geht hinter mir, unter mir (stampft
auf den Boden) hohl, hörst du? Alles hohl da un-
20 ten. Die Freimaurer!
Andres. Ich fürcht mich.
Woyzeck. S'ist so kurios still. Man möcht den
Athem halten. Andres!
Andres. Was?
25 **Woyzeck.** Red was! (starrt in die Gegend.) Andres! Wie hell! Ein Feuer fährt um den Himmel
und ein Getös herunter wie Posaunen. Wie's heraufzieht! Fort. Sieh nicht hinter dich (reißt ihn
in's Gebüsch)

Andres. (nach einer Pause) Woyzeck! hörst du's
noch?
Woyzeck. Still, Alles still, als wär die Welt todt.
Andres. Hörst du? Sie trommeln drin. Wir müs-
sen fort.   5

⟨2⟩

**Marie (mit ihrem Kind am Fenster)
Margreth.**

**Der Zapfenstreich geht vorbey,
der Tambourmajor voran.**   10

Marie. (das Kind wippend auf dem Arm.)   He
Bub! Sa ra ra ra! Hörst? Da kommen sie
Margreth. Was ein Mann, wie ein Baum.
Marie. Er steht auf seinen Füßen wie ein Löw.
                        (Tambourmajor grüßt.)   15
Margreth.   Ey, was freundliche Auge, Frau
Nachbarin, so was is man an ihr nit gewöhnt.
Marie. (singt)
        Soldaten, das sind schöne Bursch

⟨*ARBEITSLÜCKE VON EIN BIS ZWEI LEERZEILEN*⟩   20

Margreth. Ihre Auge glänze ja noch.
Marie. Und wenn! Trag sie ihr Auge zum Jud und
laß sie sie putze, vielleicht glänze sie noch, daß
man sie für zwei Knöpf verkaufe könnt.
Margreth.   Was Sie? Sie? Frau Jungfer, ich bin 25
eine honette Person, aber sie, sie guckt 7 Paar lederne Hose durch.

Marie. Luder! (schlägt das Fenster zu.) Komm
mein Bub. Was die Leut wollen. Bist doch nur en
arm Hurenkind und machst deiner Mutter Freud
mit deim unehrliche Gesicht. Sa! Sa! (singt.)

5   Mädel, was fangst du jezt an
       Hast ein klein Kind und kein Mann
       Ey was frag ich danach
       Sing ich die ganze Nacht
       Heyo popeio mein Bu. Juchhe!
10   Giebt mir kein Mensch nix dazu.

       Hansel spann deine sechs Schimmel an
       Gieb ihn zu fresse auf's neu
       Kein Haber fresse sie
       Kein Wasser saufe sie
15   Lauter kühle Wein muß es seyn. Juchhe
       Lauter kühle Wein muß es seyn.
              (es klopft am Fenster)
Marie. Wer da? Bist du's Franz? Komm herein!
Woyzeck. Kann nit. Muß zum Verles.
20 Marie. Was hast du Franz?
Woyzeck. (geheimnißvoll) Marie, es war wieder
      was, viel, steht nicht geschrieben, und sieh da
      ging ein Rauch vom Land, wie der Rauch vom
      Ofen?
25 Marie. Mann!
Woyzeck. Es ist hinter mir gegangen bis vor die
      Stadt. Was soll das werden?
Marie. Franz!
Woyzeck. Ich muß fort (er geht.)
30 Marie. Der Mann! So vergeistert. Er hat sein
      Kind nicht angesehn. Er schnappt noch über mit

den Gedanken. Was bist so still, Bub? Furchst'
Dich? Es wird so dunkel, man meint, man wär
blind. Sonst scheint doch als die Latern herein.
Ich halt's nicht aus. Es schauert mich. (geht ab)

⟨3⟩   5

Buden. Lichter. Volk.

Alter Mann. Kind das tanzt:
    Auf der Welt ist kein Bestand
    Wir müssen alle sterben, das ist uns wohlbekannt!
Woyzeck. He! Hopsa! Armer Mann, alter Mann! Armes   10
Kind! Junges Kind! ++++ und ++st! Hey **Marie**, soll
ich dich tragen? Ein Mensch muß nach d. +++
vo+++st++den, damit er essen kann. ++++ Welt!
Schöne Welt!
Ausrufer, an einer Bude: Meine Herren, meine Damen,   15
hier ist zu sehn das astronomische Pferd und die kleinen Canaillevögel, sind Liebling von allen Potentaten
Europas und Mitglied von allen gelehrten Societäten;
weissagen den Leuten Alles, wie alt, wie viel Kinder,
was für Krankheiten, schießt Pistol los, stellt sich auf ein   20
Bein. Alles Erziehung, haben nur eine viehische Vernunft, oder vielmehr eine ganz vernünftige Viehigkeit, ist
kein viehdummes Individuum wie viele Personen, das
verehrliche Publikum abgerechnet. Es wird seyn, die
räpräsentation, das commencement vom commence-   25
ment wird sogleich nehm sein Anfang.
Meine Herren! Meine Herren! Sehn sie die Kreatur,
wie sie Gott gemacht, nix, gar nix. Sehen Sie jezt die
Kunst, geht aufrecht hat Rock und Hosen, hat einen

Säbel! Ho! Mach Kompliment! So bist brav. Gieb
Kuß! (er trompetet) Michel ist musikalisch.
Sehn Sie die Fortschritte der Civilisation. Alles schreitet
fort, ein Pferd, ein Aff, ein Canaillevogel. Der Aff' ist
5   schon ein Soldat, s'ist noch nit viel, unterst Stuf von
menschliche Geschlecht!
Die räpräsentation anfangen! Man mackt Anfang
von Anfang. Es wird sogleich seyn das commencement von commencement.
10 **Woyzeck.** Willst du?
Marie.   Meinetwegen. Das muß schön Dings seyn.
Was der Mensch Quasten hat und die Frau hat Hosen.

Unterofficier. Tambourmajor.

15 **Unterofficier.**   Halt, jezt. Siehst du sie! Was ein Weibsbild.
Tambourmajor.   Teufel zum Fortpflanzen von Kürassierregimentern und zur Zucht von Tambourmajors.
Unterofficier.   Wie sie den Kopf trägt, man meint das
20 schwarze Haar müsse ihn abwärts ziehen, wie ein Gewicht, und Augen, schwarz
Tambourmajor. Als ob man in einen Ziehbrunnen oder
zu einem Schornstein hinunter guckt. Fort hinter drein.
Marie. Was Lichter
25 **Woyzeck.** Ja die Bou++, eine große schwarze Katze
mit feurigen Augen. Hey, was ein Abend.

Das Innere der Bude.

Marktschreier. Zeig' dein Talent! zeig deine viehische Vernünftigkeit! Beschäme die menschliche Societät! Meine Herren dieß Thier, wie sie da sehn,
Schwanz am Leib, auf seinen 4 Hufen ist Mitglied   5
von allen gelehrten Societäten, ist Professor an mehreren Universitäten wo die Studenten bey ihm reiten
und schlagen lernen. Das war einfacher Verstand!
Denk jezt mit der doppelten raison. Was machst du
wann du mit der doppelten Räson denkst? Ist unter   10
der gelehrten société da ein Esel? (der Gaul schüttelt
den Kopf) Sehn sie jezt die doppelte Räson! Das ist
Viehsionomik. Ja das ist kein viehdummes Individuum, das ist eine Person! Ein Mensch, ein thierischer Mensch und doch ein Vieh, eine bête, (das   15
Pferd führt sich ungebührlich auf) So beschäme die
société! Sehn sie das Vieh ist noch Natur unverdorbene Natur! Lernen Sie bey ihm. Fragen sie den Arzt
es ist höchst schädlich! Das hat geheißen Mensch sey
natürlich, du bist geschaffen Staub, Sand, Dreck.   20
Willst du mehr seyn, als Staub, Sand, Dreck? Sehn sie
was Vernunft, es kann rechnen und kann doch nit an
den Fingern herzählen, warum? Kann sich nur nit
ausdrücken, nur nit expliciren, ist ein verwandelter
Mensch! Sag den Herren, wieviel Uhr es ist. Wer von   25
den Herren und Damen hat eine Uhr, eine Uhr?
Tambourmajor. Eine Uhr! (zieht großartig und
gemessen die Uhr aus der Tasche) Da mein Herr.
Marie. Das muß ich sehn (sie klettert auf den 1.
Platz. **Tambourmajor** hilft ihr)   30

⟨4⟩

Marie sitzt,
ihr Kind auf dem Schooß,
ein Stückchen Spiegel in der Hand.

5 **Marie.** (bespiegelt sich) Was die Steine glänzen!
Was sind's für? Was hat er gesagt? – Schlaf Bub!
Drück die Auge zu, fest, (das Kind versteckt die
Augen hinter den Händen) noch fester, bleib so,
still oder er holt dich (singt)

10 　　　　　Mädel mach's Ladel zu
　　　　　S' kommt e Zigeunerbu
　　　　　Führt dich an deiner Hand
　　　　　Fort in's Zigeunerland.

(spiegelt sich wieder) S'ist gewiß Gold! Unsereins
15 hat nur ein Eckchen in der Welt und ein
Stückchen Spiegel und doch hab' ich einen so rothen Mund als die großen Madamen mit ihren
Spiegeln von oben bis unten und ihren schönen
Herrn, die ihnen die Händ' küssen; ich bin nur
20 ein arm Weibsbild. – (das Kind richtet sich auf)
Still Bub, die Auge zu, das Schlafengelchen! wie's
an der Wand läuft (sie blinkt mit dem Glas) die
Auge zu, oder es sieht dir hinein, daß du blind
wirst.

25 　(Woyzeck tritt herein, hinter sie. Sie fährt auf
　　　mit den Händen nach den Ohren)

Woyzeck. Was hast du?

Marie. Nix.

Woyzeck. Unter deinen Fingern glänzt's ja.

30 **Marie.** Ein Ohrringlein; hab's gefunden.

Woyzeck. Ich hab' so noch nix gefunden, Zwei
auf einmal.

Marie. Bin ich ein Mensch?

Woyzeck. S'ist gut, Marie. – Was der Bub schläft.
Greif' ihm unter's Aermchen, der Stuhl drückt   5
ihn. Die hellen Tropfen steh'n ihm auf der Stirn;
Alles Arbeit unter der Sonn, sogar Schweiß im
Schlaf. Wir arme Leut! Das is wieder Geld Marie,
die Löhnung und was von mein'm Hauptmann.

Marie. Gott vergelt's Franz.   10

Woyzeck. Ich muß fort. Heut Abend, Marie.
Adies.

Marie. (allein nach einer Pause) ich bin doch ein
schlecht Mensch. Ich könnt' mich erstechen. –
Ach! Was Welt? Geht doch Alles zum Teufel,   15
Mann und Weib.

⟨5⟩

Der Hauptmann. Woyzeck.

Hauptmann auf einem Stuhl,
Woyzeck rasirt ihn.   20

Hauptmann. Langsam, Woyzeck, langsam; ein's
nach dem andern; Er macht mir ganz schwindlich. Was soll ich dann mit den zehn Minuten anfangen, die er heut zu früh fertig wird? Woyzeck,
bedenk' er, er hat noch seine schöne dreißig Jahr   25
zu leben, dreißig Jahr! macht 360 Monate, und
Tage, Stunden, Minuten! Was will er denn mit der

ungeheuren Zeit all anfangen? Theil er sich ein,
Woyzeck.

Woyzeck. Ja wohl, Herr Hauptmann.

Hauptmann. Es wird mir ganz angst um die
Welt, wenn ich an die Ewigkeit denke. Beschäftigung, Woyzeck, Beschäftigung! ewig das ist ewig,
das ist ewig, das siehst du ein; nun ist es aber wieder nicht ewig und das ist ein Augenblick, ja, ein
Augenblick – Woyzeck, es schaudert mich, wenn
ich denk, daß sich die Welt in einem Tag herumdreht, was eine Zeitverschwendung, wo soll das
hinaus? Woyzeck, ich kann kein Mühlrad mehr
sehn, oder ich werd' melancholisch.

Woyzeck. Ja wohl, Herr Hauptmann.

Hauptmann. Woyzeck, er sieht immer so verhetzt aus, Ein guter Mensch thut das nicht, ein
guter Mensch, der sein gutes Gewissen hat. – Red'
er doch was Woyzeck. Was ist heut für Wetter?

Woyzeck. Schlimm, Herr Hauptmann, schlimm;
Wind.

Hauptmann. Ich spür's schon, s'ist so was Ge-
schwindes draußen; so ein Wind macht mir den
Effect wie eine Maus. (pfiffig) Ich glaub' wir haben so was aus Süd-Nord.

Woyzeck. Ja wohl, Herr Hauptmann.

Hauptmann. Ha! ha! ha! Süd-Nord! Ha! Ha!
Ha! O er ist dumm, ganz abscheulich dumm.
(gerührt) Woyzeck, er ist ein guter Mensch, ein
guter Mensch – aber (mit Würde) Woyzeck, er hat
keine Moral! Moral das ist wenn man moralisch
ist, versteht er. Es ist ein gutes Wort. Er hat ein
Kind, ohne den Segen der Kirche, wie unser hoch-

ehrwürdiger Herr Garnisonsprediger sagt, ohne
den Segen der Kirche, es ist nicht von mir.

Woyzeck. Herr Hauptmann, der liebe Gott wird
den armen Wurm nicht drum ansehn, ob das
Amen drüber gesagt ist, eh' er gemacht wurde.   5
Der Herr sprach: lasset die Kindlein zu mir kommen.

Hauptmann. Was sagt er da? Was ist das für n'e
kuriose Antwort? Er macht mich ganz confus
mit seiner Antwort. Wenn ich sag: er, so mein   10
ich ihn, ihn

Woyzeck. Wir arme Leut. Sehn sie, Herr Hauptmann, Geld, Geld. Wer kein Geld hat. Da setz einmal einer mein'sgleichen auf die Moral in der
Welt. Man hat auch sein Fleisch und Blut. Unser-   15
eins ist doch einmal unseelig in der und der andern Welt, ich glaub' wenn wir in Himmel kämen,
so müßten wir donnern helfen.

Hauptmann. Woyzeck er hat keine Tugend, er
ist kein tugendhafter Mensch. Fleisch und Blut?   20
Wenn ich am Fenster lieg, wenn es geregnet hat
und den weißen Strümpfen so nachsehe, wie sie
über die Gassen springen, – verdammt Woyzeck,
– da kommt mir die Liebe. Ich hab auch Fleisch
und Blut. Aber Woyzeck, die Tugend, die Tugend!   25
Wie sollte ich dann die Zeit herumbringen? ich
sag' mir immer du bist ein tugendhafter Mensch,
(gerührt) ein guter Mensch, ein guter Mensch.

Woyzeck. Ja Herr Hauptmann, die Tugend! ich
hab's noch nicht so aus. Sehn Sie wir gemeinen   30
Leut, das hat keine Tugend, es kommt einem nur
so die Natur, aber wenn ich ein Herr wär und

hätt ein Hut und eine Uhr und eine anglaise und
könnt vornehm reden, ich wollt schon tugendhaft seyn. Es muß was Schöns seyn um die Tugend, Herr Hauptmann. Aber ich bin ein armer
5 Kerl.
Hauptmann. Gut Woyzeck. Du bist ein guter
  Mensch, ein guter Mensch. Aber du denkst zuviel,
  das zehrt, du siehst immer so verhetzt aus. Der
  Diskurs hat mich ganz angegriffen. Geh' jezt und
10 renn nicht so; langsam hübsch langsam die
  Straße hinunter.

⟨6⟩

⟨Straße oder Gasse⟩

Marie. Tambour-Major.

15 Tambour-Major. Marie!
  Marie. (ihn ansehend, mit Ausdruck.) Geh' ein-
    mal vor dich hin. – Ueber die Brust wie ein Stier
    und ein Bart wie ein Löw .. So ist keiner .. Ich bin
    stolz vor allen Weibern.
20 Tambour-Major. Wenn ich am Sonntag erst
    den großen Federbusch hab' und die weißen
    Handschuh, Donnerwetter, Marie, der Prinz sagt
    immer: Mensch, er ist ein Kerl.
  Marie. (spöttisch) Ach was! (tritt vor ihn hin.)
25 Mann!
  Tambour-Major. Und du bist auch ein Weibs-
    bild, Sapperment, wir wollen eine Zucht von
    Tambour-Major's anlegen. He? (er umfaßt sie)

Marie. (verstimmt) Laß mich!

Tambourmajor. Wild Thier.

Marie. (heftig) Rühr mich an!

Tambourmajor. Sieht dir der Teufel aus den
Augen?   5

Marie. Meinetwegen. Es ist Alles eins.

〈7〉

〈Straße oder Gasse〉

Marie. Woyzeck.

Woyzeck. (sieht sie starr an, schüttelt den Kopf.) 10
Hm! Ich seh nichts, ich seh nichts. O, man
müßt's sehen, man müßt's greifen können mit
Fäusten.

Marie. (verschüchtert) Was hast du Franz? Du
bist hirnwüthig Franz.   15

Woyzeck. Eine Sünde so dick und so breit. (Es
stinkt daß man die Engelchen zum Himmel hinaus räuchern könnt.) Du hast einen rothen
Mund, Marie. Keine Blasen drauf? Adieu, Marie,
du bist schön wie die Sünde – Kann die Todsünde 20
so schön seyn?

Marie. Franz, du red'st im Fieber.

Woyzeck. Teufel! – Hat er da gestanden, so, so?

Marie. Dieweil der Tag lang und die Welt alt ist,
können viel Menschen an einem Platz stehen, ei- 25
ner nach dem andern.

Woyzeck. Ich hab ihn gesehn.

Marie. Man kann viel sehn, wenn man 2 Augen
hat und man nicht blind ist und die Sonn scheint.

Woyzeck. Mi++ s+++ A++
Marie. (keck) Und wenn auch.

⟨8⟩

Woyzeck. Der Doctor.

Doctor. Was erleb' ich Woyzeck? Ein Mann von
Wort.

Woyzeck. Was denn Herr Doctor?

Doctor. Ich hab's gesehn Woyzeck; er hat auf die
Straß gepißt, an die Wand gepißt wie ein Hund.
Und doch 2 Groschen täglich. Woyzeck das ist
schlecht, die Welt wird schlecht, sehr schlecht.

Woyzeck. Aber Herr Doctor, wenn einem die
Natur kommt.

Doctor. Die Natur kommt, die Natur kommt!
Die Natur! Hab' ich nicht nachgewiesen, daß der
musculus constrictor vesicae dem Willen unterworfen ist? Die Natur! Woyzeck, der Mensch ist
frei, in dem Menschen verklärt sich die Individualität zur Freiheit. Den Harn nicht halten können! (schüttelt den Kopf, legt die Hände auf den
Rücken und geht auf und ab) Hat er schon seine
Erbsen gegessen, Woyzeck? – Es giebt eine Revolution in der Wissenschaft, ich sprenge sie in die
Luft. Harnstoff, 0,10, salzsaures Ammonium,
Hyperoxydul.
Woyzeck muß er nicht wieder pissen? geh' er einmal hinein und probir er's.

Woyzeck. Ich kann nit Herr Doctor.

Doctor. (mit Affect) Aber auf die Wand pissen!

Ich hab's schriftlich, den Akkord in der Hand. Ich
hab's gesehn, mit dießen Augen gesehn, ich
streckte grade die Nase zum Fenster hinaus und
ließ die Sonnenstrahlen hinein fallen, um das Niesen zu beobachten, (tritt auf ihn los) Nein Woy-   5
zeck, ich ärgere mich nicht, Aerger ist ungesund,
ist unwissenschaftlich. Ich bin ruhig ganz ruhig,
mein Puls hat seine gewöhnlichen 60 und ich sag's
ihm mit der grösten Kaltblütigkeit! Behüte wer
wird sich über einen Menschen ärgern, einen   10
Menschen! Wenn es noch ein proteus wäre, der einem krepirt! Aber er hätte doch nicht an die
Wand pissen sollen –

Woyzeck.   Sehn sie Herr Doctor, manchmal hat
man so n'en Character, so n'e Structur. – Aber   15
mit der Natur ist's was andres, sehn sie mit der
Natur (er kracht mit den Fingern) das ist so was,
wie soll ich doch sagen, zum Beispiel

Doctor.   Woyzeck, er philosophirt wieder.

Woyzeck. (vertraulich.)   Herr Doctor haben sie   20
schon was von der doppelten Natur gesehn?
Wenn die Sonn im Mittag steht und es ist als ging
die Welt im Feuer auf hat schon eine fürchterliche
Stimme zu mir geredet!

Doctor.   Woyzeck, er hat eine aberratio.   25

Woyzeck. (legt den Finger an die Nase)   Die
Schwämme Herr Doctor. Da, da steckts. Haben sie schon gesehn in was für Figuren die
Schwämme auf dem Boden wachsen? Wer das lesen könnt.   30

Doctor.   Woyzeck er hat die schönste aberratio
mentalis partialis, die zweite Species, sehr schön

ausgeprägt, Woyzeck er kriegt Zulage. Zweite
species, fixe Idee, mit allgemein vernünftigem Zustand, er thut noch Alles wie sonst, rasirt seinen
Hauptmann.

5 Woyzeck. Ja, wohl.
Doctor. Ißt seine Erbsen?
Woyzeck.   Immer ordentlich Herr Doctor. Das
   Geld für die menage kriegt die Frau.
Doctor. Thut seinen Dienst
10 Woyzeck. Ja wohl.
Doctor.   Er ist ein interessanter casus, Subject
   Woyzeck er kriegt Zulage. Halt er sich brav. Zeig
   er seinen Puls! Ja.

⟨9⟩

15   ⟨Straße oder Gasse⟩

        Hauptmann. Doctor.

Hauptmann.   Herr Doctor, die Pferde machen
   mir ganz Angst, wenn ich denke, daß die armen
   Bestien zu Fuß gehn müssen. Rennen Sie nicht
20 so. Rudern Sie mit ihrem Stock nicht so in der
   Luft. Sie hetzen sich ja hinter dem Tod drein. Ein
   guter Mensch, der sein gutes Gewissen hat, geht
   nicht so schnell. Ein guter Mensch. (Er erwischt
   den Doctor am Rock) Herr Doctor erlauben sie,
25 daß ich ein Menschenleben rette, sie schießen
   Herr Doctor, ich bin so schwermüthig ich habe so
   was schwärmerisches, ich muß immer weinen,
   wenn ich meinen Rock an der Wand hängen sehe,
   da hängt er.

Doctor. Hm, aufgedunsen, fett, dicker Hals, apo-
 plectische Constitution. Ja Herr Hauptmann sie
 können eine apoplexia cerebralis kriechen, sie
 können sie aber vielleicht auch nur auf der einen
 Seite bekommen, und dann auf der einen gelähmt 5
 seyn, oder aber sie können im besten Fall geistig
 gelähmt werden und nur fort vegetiren, das sind
 so ohngefähr ihre Aussichten auf die nächsten 4
 Wochen. Übrigens kann ich sie versichern, daß sie
 einen von den interessanten Fällen abgeben und 10
 wenn Gott will, daß ihre Zunge zum Theil
 gelähmt wird, so machen wir die unsterblichsten
 Experimente.
Hauptmann. Herr Doctor erschrecken Sie mich
 nicht, es sind schon Leute am Schreck gestorben, 15
 am bloßen hellen Schreck. – Ich sehe schon die
 Leute mit den Citronen in den Händen, aber sie
 werden sagen, er war ein guter Mensch, ein guter
 Mensch – Teufel Sargnagel.
Doctor. (hält ihm den Hut hin) Was ist das Herr 20
 Hauptmann? das ist Hohlkopf!
Hauptmann. (macht eine Falte) Was ist das
 Herr Doctor, das ist Einfalt.
Doctor. Ich empfehle mich, geehrtester Herr
 Exercirzagel 25
Hauptmann. Gleichfalls, bester Herr Sargnagel.

《Woyzeck kommt gelaufen》

Ha Woyzeck, was hetzt er sich so an mir vorbey. Bleib er
doch Woyzeck, er läuft ja wie ein offnes Rasirmesser
durch die Welt, man schneidet sich an ihm, er läuft als 30

hätt er ein Regiment Kosacken zu rasiren und würde gehenkt über dem letzten Haar nach einer Viertelstunde –
aber, über die langen Bärte, was wollt ich doch sagen?
Woyzeck – die langen Bärte

5 D o c t o r. Ein langer Bart unter dem Kinn, schon Plinius
spricht davon, man muß es den Soldaten abgewöhnen,
die, die

H a u p t m a n n. (fährt fort) Hä? über die langen Bärte?
Wie is Woyzeck hat er noch nicht ein Haar aus einem
10 Bart in seiner Schüssel gefunden? He er versteht mich
doch, ein Haar von einem Menschen, vom Bart eines
Sapeurs, eines Unterofficiers, eines – eines Tambourmajors? He Woyzeck? Aber Er hat eine brave Frau. Geht
ihm nicht wie andern.

15 W o y z e c k. Ja wohl! Was wollen Sie sagen Herr Hauptmann?

H a u p t m a n n. Was der Kerl ein Gesicht macht! er st+kt
+++++++st++++, in den Himmel nein, muß nun auch
nicht in der Suppe, aber wenn er sich eilt und um die
20 Ecke geht, so kann er vielleicht noch auf Paar Lippen
eins finden, ein Paar Lippen, Woyzeck, ich habe wieder
die Liebe gefühlt, Woyzeck.
Kerl er ist ja kreideweiß.

W o y z e c k. Herr Hauptmann, ich bin ein armer Teufel, –
25 und hab sonst nichts auf der Welt Herr Hauptmann,
wenn Sie Spaß machen –

H a u p t m a n n. Spaß ich, daß dich Spaß, Kerl!

D o c t o r. Den Puls Woyzeck, den Puls, klein, hart, hüpfend, ungleich.

30 W o y z e c k. Herr Hauptmann, die Erd ist höllenheiß, mir
eiskalt, eiskalt, die Hölle ist kalt, wollen wir wetten.
Unmöglich. Mensch! Mensch! unmöglich.

Hauptmann.   Kerl, will er erschoßen werden, will ein Paar Kugeln vor den Kopf haben? er ersticht mich mit seinen Augen, und ich mein es gut mit ihm, weil er ein guter Mensch ist Woyzeck, ein guter Mensch.

Doctor.   Gesichtsmuskeln starr, gespannt, zuweilen hüpfend, Haltung aufgerichtet gespannt.

Woyzeck.   Ich geh! Es ist viel möglich. Der Mensch! es ist viel möglich.
Wir haben schön Wetter Herr Hauptmann. Sehn sie so einen schönen, festen grauen Himmel, man könnte Lust bekommen, einen Kloben hineinzuschlagen und sich daran zu hängen, nur wegen des Gedankenstrichels zwischen Ja, und nein, ja – und nein, Herr Hauptmann ja und nein? Ist das nein am ja oder das ja am nein Schuld. Ich will drüber nachdenken.

      (geht mit breiten Schritten ab, erst langsam dann
                  immer schneller)

Doctor. (schießt ihm nach)   Phänomen, Woyzeck, Zulage.

Hauptmann.   Mir wird ganz schwindlich vor den Menschen, wie schnell, der lange Schlegel greift aus, es läuft der Schatten von einem Spinnenbein, und der Kurze, das zuckelt. Der lange ist der Blitz und der kleine der Donner. Hähä, hinterdrein. Das hab' ich nicht gern! ein guter Mensch ist dankbar und hat sein Leben lieb, ein guter Mensch hat keine courage nicht! ein Hundsfott hat courage! Ich bin blos in Krieg gangen um mich in meiner Liebe zum Leben zu befestigen. Von der Angst zur ++++, von da zum Krieg, von da zur courage, wie man zu so Gedanken kommt, grotesk! grotesk!

⟨*10*⟩

Die Wachtstube.

Woyzeck, Andres.

Andres. (singt)
5   Frau Wirthin hat n'e brave Magd
             Sie sitzt im Garten Tag und Nacht
             Sie sitzt in ihrem Garten ...
Woyzeck. Andres!
Andres. Nu?
10 Woyzeck. Schön Wetter.
Andres. Sonntagsonnwetter, und Musik vor der
    Stadt. Vorhin sind die Weibsbilder hin, die Men-
    scher dämpfen, das geht.
Woyzeck. (unruhig) Tanz, Andres, sie tanzen
15 Andres. Im Rössel und im Sternen.
Woyzeck. Tanz, Tanz.
Andres. Meinetwegen.
             Sie sitzt in ihrem Garten
             bis daß das Glöcklein zwölfe schlägt
20   Und paßt auf die Solda – aten.
Woyzeck. Andres, ich hab keine Ruh.
Andres. Narr!
Woyzeck. Ich muß hinaus. Es dreht sich mir vor
    den Augen. Was sie heiße Händ haben. Ver-
25 dammt Andres!
Andres. Was willst du?
Woyzeck. Ich muß fort.
Andres. Mit dem Mensch.
Woyzeck. Ich muß hinaus, s'ist so heiß da hie.

⟨11⟩

Wirthshaus.

Die Fenster offen, Tanz.
Bänke vor dem Haus. Burschen.

1. **Handwerksbursch.**
    Ich hab ein Hemdlein an
    das ist nicht mein
    Meine Seele stinkt nach Brandewein, –
2. **Handwerksbursch.** Bruder, soll ich dir aus
    Freundschaft ein Loch in die Natur machen? 10
    Verdammt. Ich will ein Loch in die Natur ma-
    chen. Ich bin auch ein Kerl, du weißt, ich will ihm
    alle Flöh am Leib todt schlagen.
1. **Handwerksbursch.**   Meine Seele, meine
    Seele stinkt nach Brandewein. – Selbst das Geld 15
    geht in Verwesung über. Vergißmeinnicht. Wie
    ist dieße Welt so schön. Bruder, ich muß ein Re-
    genfaß voll greinen. Ich wollt unsre Nasen wären
    zwei Bouteillen und wir könnten sie uns einander
    in den Hals gießen. 20
Die anderen im Chor:
        Ein Jäger aus der Pfalz,
        ritt einst durch einen grünen Wald,
        Halli, halloh, gar lustig ist die Jägerei
        Allhier auf grüner Heid 25
        Das Jagen ist mei Freud.
            (Woyzeck stellt sich an's Fenster.)
    Marie und der Tambourmajor tanzen vorbey,
            ohne ihn zu bemerken)
Marie. (im Vorbeytanzen: immer, zu, immer zu) 30

Woyzeck. (erstickt)   Immer zu. – immer zu.
(fährt heftig auf und sinkt zurück auf die Bank)
immer zu immer zu, (schlägt die Hände in einander) dreht Euch, wälzt Euch. Warum bläßt Gott
nicht die Sonn aus, daß Alles in Unzucht sich
übereinanderwälzt, Mann und Weib, Mensch und
Vieh. Thut's am hellen Tag, thut's einem auf den
Händen, wie die Mücken. – Weib. –
⟨*MÖGLICHERWEISE ARBEITSNOTIZ:*⟩ Das Weib ist
heiß, heiß! – Immer zu, immer zu, (fährt auf) der
Kerl! Wie er an ihr herumtappt, an ihrem Leib, er
er hat sie a++

1. Handwerksbursch. (predigt auf dem Tisch)
Jedoch wenn ein Wandrer, der gelehnt steht an
den Strom der Zeit oder aber sich die göttliche
Weisheit beantwortet und sich anredet: Warum
ist der Mensch? Warum ist der Mensch? – Aber
wahrlich ich sage Euch, von was hätte der Landmann, der Weißbinder, der Schuster, der Arzt leben sollen, wenn Gott den Menschen nicht geschaffen hätte? Von was hätte der Schneider leben sollen, wenn er dem Menschen nicht die
Empfindung der Schaam eingepflanzt, von was
der Soldat, wenn er ihn nicht mit dem Bedürfniß
sich todtzuschlagen ausgerüstet hätte? Darum
zweifelt nicht, ja ja, es ist lieblich und fein, aber
Alles Irdische ist eitel, selbst das Geld geht in Verwesung über. – Zum Beschluß, meine geliebten
Zuhörer laßt uns noch über's Kreuz pissen, damit
ein Jud stirbt.

⟨*12*⟩

Freies Feld.

Woyzeck.

Immer zu! immer zu! Still Musik. – (reckt sich gegen den Boden) He was, was sagt ihr? Lauter, lauter, stich, stich die Zickwolfin todt? stich, stich die Zickwolfin todt. Soll ich? Muß ich? Hör ich's da noch, sagt's der Wind auch? Hör ich's immer, immer zu, stich todt, todt.

⟨*13*⟩

Nacht.

Andres und Woyzeck in einem Bett.

Woyzeck. (schüttelt Andres) Andres! Andres! ich kann nit schlafen, wenn ich die Augen zumach, dreh't sich's immer und ich hör die Geigen, immer zu, immer zu und dann sprichts' aus der Wand, hörst du nix?

Andres. Ja, – laß sie tanzen! Gott behüt uns, Amen, (schläft wieder ein)

Woyzeck. Es zieht mir zwischen den Augen wie ein Messer.

Andres. Du mußt Schnaps trinken und Pulver drein, das schneidt das Fieber.

⟨14⟩

Wirthshaus.

Tambour-Major. Woyzeck. Leute.

Tambour-Major.   Ich bin ein Mann! (schlägt
5   sich auf die Brust) ein Mann sag' ich.
    Wer will was? Wer kein besoffner Herrgott ist der
    laß sich von mir. Ich will ihm die Nas ins Arsch-
    loch prügeln. Ich will – (zu Woyzeck) da Kerl,
    sauf, der Mann muß saufen, ich wollt die Welt
10 wär Schnaps, Schnaps
Woyzeck pfeift.
Tambour Major.   Kerl, soll ich dir die Zung aus
    dem Hals ziehn und sie um den Leib herum-
    wickeln? (sie ringen, Woyzeck verliert) soll ich dir
15 noch soviel Athem lassen als ein Altweiberfurz,
    soll ich?
Woyzeck.   (sezt sich erschöpft zitternd auf die
    Bank).
Tambourmajor.   Der Kerl soll dunkelblau pfei-
20 fen.
    Ha.   Brandewein das ist mein Leben
             Brandwein giebt courage!
Einer.   Der hat sein Fett.
Anderer.   Er blut.
25 **Woyzeck.**   Eins nach dem andern.

⟨15⟩

Woyzeck. Der Jude.

Woyzeck. Das Pistolchen ist zu theuer.

Jud. Nu, kauft's oder kauft's nit, was is?

Woyzeck. Was kost das Messer?   5

Jud. S'ist ganz, grad. Wollt Ihr Euch den Hals mit
  abschneiden, nu, was is es? Ich gäb's Euch so
  wohlfeil wie einem andern, Ihr sollt Euern Tod
  wohlfeil haben, aber doch nicht umsonst. Was is
  es? Er soll einen ökonomischen Tod haben.   10

Woyzeck. Das kann mehr als Brod schneiden.

Jud. Zwei Groschen.

Woyzeck. Da! (geht ab)

Jud. Da! Als ob's nichts wär. Und es is doch Geld.
  Der Hund.   15

⟨16⟩

Marie. Das Kind.
Der Narr.

Marie. (allein, blättert in der Bibel.) Und ist kein
  Betrug in seinem Munde erfunden. Herrgott. 20
  Herrgott! Sieh mich nicht an. (blättert weiter:)
  aber die Pharisäer brachten ein Weib zu ihm, im
  Ehebruche begriffen und stelleten sie in's Mittel
  dar. – Jesus aber sprach: so verdamme ich dich
  auch nicht. Geh hin und sündige hinfort nicht 25
  mehr. (schlägt die Hände zusammen). Herrgott!
  Herrgott! Ich kann nicht. Herrgott gieb mir nur
  soviel, daß ich beten kann. (das Kind drängt sich

an sie) Das Kind giebt mir einen Stich in's Herz.
Fort! Das brüht sich in der Sonne!

Narr. (liegt und erzählt sich Mährchen an den
Fingern) Der hat die goldne Kron, der Herr Kö-
5   nig. Morgen hol' ich der Frau Königin ihr Kind.
Blutwurst sagt: komm Leberwurst (er nimmt das
Kind und wird still)

Marie. Der Franz ist nit gekommen, gestern nit,
heut nit, es wird heiß hie. (sie macht das Fenster
10   auf.) Und trat hinein zu seinen Füßen und weynete und fing an seine Füße zu netzen mit Thränen
und mit den Haaren ihres Hauptes zu trocknen
und küssete seine Füße und salbete sie mit Salben.
(schlägt sich auf die Brust) Alles todt! Heiland,
15   Heiland ich möchte dir die Füße salben.

⟨17⟩

Kaserne.

Andres. Woyzeck,
kramt in seinen Sachen.

20   Woyzeck. Das Kamisolchen Andres, ist nit zur
Montour, du kannst's brauchen Andres. Das
Kreuz is meiner Schwester und das Ringlcin, ich
hab auch noch ein Heiligen, zwei Herzen und
schön Gold, es lag in meiner Mutter Bibel, und da
25   steht:

Leiden sey all mein Gewinst,
Leiden sey mein Gottesdienst,
Herr wie dein Leib war roth und wund
So laß mein Herz seyn aller Stund.

Meine Mutter fühlt nur noch, wenn ihr die Sonn
auf die Händ scheint. Das thut nix.

A n d r e s. (ganz starr, sagt zu Allem: ja wohl)

W o y z e c k. (zieht ein Papier hervor.) Friedrich Johann Franz Woyzeck, geschworener Füsilir im   5
2. Regiment, 2. Bataillon, 4. Compagnie, geboren
Mariae Verkündigung ich bin heut den 20. Juli alt
30 Jahre 7 Monate und 12 Tage.

A n d r e s. Franz, du kommst in's Lazareth. A++++
du mußt Schnaps trinken und Pulver drein das   10
tödt das Fieber.

W o y z e c k. Ja Andres, wann der Schreiner die Hobelspän sammelt, es weiß niemand, wer seinen
Kopf darauf legen wird.

⟨18⟩   15

M a r i e mit Mädchen vor der Hausthür

M ä d c h e n.

                Wie scheint die Sonn St. Lichtmeßtag
                Und steht das Korn im Blühn.
                Sie gingen wohl die Straße hin   20
                Sie gingen zu zwei und zwein
                Die Pfeifer gingen vorn
                Die Geiger hinter drein.
                Sie hatten rothe Socken

1. K i n d. S'ist nit schön.   25

2. K i n d. Was willst du auch immer.

K i n d. Was hast zuerst angefangen

K i n d. Ich kann nit.

K i n d. Warum?

Kind.   Darum!
Kind.   Aber warum darum?
Kind.   Es muß singen.
Kind.   **Marie**chen sing du uns.
5 **Marie**.   Kommt ihr kleinen Krabben!
        Ringle, ringel Rosenkranz. König Herodes.
        Großmutter erzähl.
Großmutter.   Es war einmal ein arm Kind und hat
        keinen Vater und keine Mutter, war Alles todt und
10   war Niemand mehr auf der Welt. Alles todt, und es
        ist hingangen und hat gerrt Tag und Nacht. Und wie
        auf der Erde Niemand mehr war, wollt's in Himmel
        gehn, und der Mond guckt es so freundlich an und
        wie's endlich zum Mond kam, war's ein Stück faul
15   Holz und da ist es zur Sonn gangen und wie's zur
        Sonn kam, war's eine verwelkte Sonnenblume und
        wie's zu den Sternen kam, warens kleine goldene
        Mücken die waren angesteckt wie der Neuntödter
        sie auf die Schlehen steckt und wies wieder auf die
20   Erde wollt, war die Erde ein umgestürzter Hafen
        und es war ganz allein und da hat sich s hingesetzt
        und gerrt und da sitzt es noch und ist ganz allein.
Woyzeck.   **Marie!**
Marie.   (erschreckt) was ist?
25 **Woyzeck**.   Marie wir wollen gehn s'ist Zeit
Marie.   Wohinaus?
Woyzeck.   Weiß ich's?

⟨*19*⟩

Marie und Woyzeck.

Marie. Also dort hinaus ist die Stadt, s'ist finster.

Woyzeck. Du sollst noch bleiben. Komm setz dich.

Marie. Aber ich muß fort.   5

Woyzeck.   Du würdest dir die Füße nicht wund laufen.

Marie. Wie bist du denn auch!

Woyzeck. Weißt du auch wie lang es jezt ist **Marie**?

Marie. Um Pfingsten 2 Jahre.   10

Woyzeck.   Weißt du auch wie lang es noch seyn wird?

Marie. Ich muß fort der Nachtthau fällt.

Woyzeck.   Frierts' dich, **Marie**, und doch bist du warm. Was du heiße Lippen hast! (heiß, heißer Hu-   15
renathem und doch möcht' ich den Himmel geben sie noch einmal zu küssen)

S+++be und wenn man kalt ist, so friert man nicht mehr.

Du wirst vom Morgenthau nicht frieren.   20

Marie. Was sagst du?

Woyzeck. Nix. (schweigen)

Marie. Was der Mond roth auf geht.

Woyzeck. Wie ein blutig Eisen.

Marie.   Was hast du vor? **Franz**, du bist so blaß. 25
Franz halt. Um des Himmels willen, He Hülfe

Woyzeck.   Nimm das und das! Kannst du nicht sterben. So! so! Ha sie zuckt noch, noch nicht noch nicht? Immer noch? (stößt zu)

Bist du todt? Todt! Todt! (es kommen Leute, läuft   30
weg)

⟨20⟩

      Es kommen Leute.

1. Person. Halt!
2. Person. Hörst du? Still! Dort
5 1. Person. Uu! da! Was ein Ton.
    2. Person. Es ist das Wasser, es ruft, schon lang ist
    Niemand ertrunken. Forts'ist nicht gut, es zu hören.
    1. Person. Uu jezt wieder. Wie ein Mensch der
    stirbt.
10 2. Person. Es ist unheimlich, so düftig – halb Ne-
    bel, grau und das Summen der Käfer wie gesprun-
    gene Glocken. Fort!
    1. Person. Nein, zu deutlich, zu laut. Da hinauf.
    Komm mit.

15 ⟨21⟩

      Das Wirthshaus.

Woyzeck.   Tanzt alle, immer zu, schwizt und
    stinckt, er holt Euch doch einmal Alle.
    (singt)
20   Frau Wirthin hat 'ne brave Magd
       Sie sitzt im Garten Tag und Nacht
       Sie sitzt in ihrem Garten
       Bis daß das Glöcklein zwölfe schlägt
       Und paßt auf die Soldaten.
25 (er tanzt) So Käthe! setz dich! Ich hab heiß! heiß (er
    zieht den Rock aus) es ist einmal so, der Teufel holt
    die eine und läßt die andre laufen. Käthe du bist
    heiß! Warum denn Käthe du wirst auch noch kalt
    werden. Sey vernünftig. Kannst du nicht singen?

Käthe.

  Ins Schwabeland das mag ich nicht
  Und lange Kleider trag ich nicht
  Denn lange Kleider spitze Schuh,
  Die kommen keiner Dienstmagd zu.   5

Woyzeck. Nein, keine Schuh, man kann auch ohne Schuh in die Höll gehn.

Käthe.

  O pfui mein Schatz das war nicht fein.
  Behalt dein Thaler und schlaf allein.   10

Woyzeck. Ja wahrhaftig, ich möchte mich nicht blutig machen.

Käthe. Aber was hast du an deiner Hand?

Woyzeck. Ich? Ich?

Käthe. Roth, Blut (es stellen sich Leute um sie) 15

Woyzeck. Blut? Blut?

Wirth. Uu Blut.

Woyzeck. Ich glaub ich hab' mich geschnitten, da an die rechte Hand.

Wirth. Wie kommt's aber an den Ellenbogen? 20

Woyzeck. Ich hab's abgewischt.

Wirth. Was mit der rechten Hand an den rechten Ellbogen. Ihr seyd geschickt

Narr. Und da hat der Riese gesagt: ich riech, ich riech, ich riech Menschenfleisch. Puh. Der stinkt 25 schon

Woyzeck. Teufel, was wollt Ihr? Was geht's Euch an? Platz! oder der erste – Teufel. Meint Ihr ich hätt Jemand umgebracht? Bin ich Mörder? Was gafft Ihr! Guckt Euch selbst an. Platz da (er läuft hinaus.) 30

⟨22⟩

Kinder

1. K i n d. Fort. Margrethchen!

2. K i n d. Was i's.

5 1. K i n d. Weißt du's nit? Sie sind schon alle hinaus.
Draußen liegt eine!

2. K i n d. Wo?

1. K i n d. Links über die Lochschneise in dem Wäldchen, am rothen Kreuz.

10 2. K i n d. Fort, daß wir noch was sehen. Sie tragen sie
sonst hinein.

⟨23⟩

Woyzeck, allein

Das Messer? Wo ist das Messer? Ich hab' es da ge-
15 lassen. Es verräth mich! Näher, noch näher! Was ist
das für ein Platz? Was höre ich? Es rührt sich was.
Still. Da in der Nähe. **Marie?** Ha **Marie!** Still. Alles
still! (Was bist du so bleich, **Marie?** Was hast du eine
rothe Schnur um den Hals? Bey wem hast du das
20 Halsband verdient, mit deiner Sünde? Du warst
schwarz davon, schwarz! Hab ich dich jezt gebleicht. Was hängen deine schwarzen Haare, so
wild? Hast du die Zöpfe heut nicht geflochten?) Da
liegt was! kalt, naß, stille. Weg von dem Platz, das
25 Messer, das Messer, hab ich's? So! Leute – Dort. (er
läuft weg)

⟨24⟩

Woyzeck an einem Teich.

So, da hinunter! (er wirft das Messer hinein) Es
taucht in das dunkle Wasser, wie Stein! Der Mond
ist wie ein blutig Eisen! Will denn die ganze Welt es   5
ausplaudern? Nein es liegt zu weit vorn, wenn sie
sich baden (er geht in den Teich und wirft weit) so
jezt, aber im Sommer, wenn sie tauchen nach Muscheln, bah es wird rostig. Wer kann's erkennen –
hätt' ich es zerbrochen! Bin ich noch blutig? ich   10
muß mich waschen. Da ein Fleck und da noch einer.

⟨25⟩

Gerichtsdiener. Barbier.
Arzt. Richter.

Polizeydiener. Ein guter Mord, ein ächter Mord,   15
ein schöner Mord, so schön als man ihn nur verlangen thun kann, wir haben schon lange so keinen gehabt. –

⟨*FOLGT MÖGLICHERWEISE H 3,2*:
Der Idiot. Das Kind. Woyzeck.   20
VGL. UNTEN S. 82⟩

Die Handschriften

Emendierter Text
mit Verzeichnung der Textübernahmen
aus früheren in spätere Entwurfsstufen

⟨*FOLIOHANDSCHRIFT H 1*⟩

⟨*H 1,1*⟩ ⇨ ⟨*H 2,3*⟩

~~Buden.~~ *Volk.*

Marktschreier vor ~~einer Bude~~.

~~Meine Herren~~! ~~Meine~~ Herren! Sehn sie die Kreatur,   5
wie sie Gott gemacht, nix, gar nix. Sehen Sie jezt die
Kunst, geht aufrecht hat Rock und Hosen, hat einen
Säbel! Ho! Mach Kompliment! So bist brav. Gieb
Kuß! (er trompetet) Michel ist musikalisch. Meine
Herren ~~hier ist zu sehen das astronomische Pferd~~   10
~~und die kleinen Canaillevögel~~. Ist [Liebling] favori
~~von alle~~ gekrönte Häupter. ~~Die~~ ~~räpräsentation~~ anfangen! Man mackt ~~Anfang~~ von Anfang. ~~Es wird~~
~~sogleich~~ seyn ~~das commencement von commence-~~
~~ment~~.   15
S o l d a t   Willst du?
M a r g r e t h   Meinetwegen. Das muß schön Dings
seyn. Was der Mensch Quasten hat und die Frau hat
Hosen.

3f. Buden. Volk. Marktschreier vor einer Bude.‖ *vgl. H 2,3*
Oeffentlicher Platz. Buden. Lichter. *und H 4,3* Buden.
Lichter. Volk.

⟨H 1,2⟩ ⇨ ⟨H 2,3⟩

Das Innere der Bude.

Marktschreier. Zeig' dein Talent! zeig deine ~~vie-
hische Vernünft~~igkeit! Beschäme die menschliche
5 Societät! Meine Herren dieß Thier, wie sie da sehn,
Schwanz am Leib, auf seinen 4 Hufen ist ~~Mitglied
von allen gelehrten Societäten,~~ ist Professor an mehreren Universitäten wo die Studenten bey ihm reiten und schlagen lernen. Das war einfacher Ver-
10 stand! Denk jezt mit der doppelten raison. Was
machst du wann du mit der doppelten Räson
denkst? Ist unter der gelehrten société da ein Esel?
(der Gaul schüttelt den Kopf) Sehn sie jezt die doppelte Räson! Das ist Viehsionomik. Ja das ~~ist kein
15 viehdummes Individuum,~~ das ist eine ~~Person!~~ Ein
Mensch, ein thierischer Mensch und doch ein Vieh,
eine bête, (das Pferd führt sich ungebührlich auf) So
beschäme die société! Sehn sie das Vieh ist noch Natur unverdorbene Natur! Lernen Sie bey ihm. Fra-
20 gen sie den Arzt es ist höchst schädlich! Das hat
geheißen *Mensch sey natürlich, du bist geschaffen
Staub, Sand, Dreck. Willst du mehr seyn, als Staub,
Sand, Dreck?* Sehn sie was Vernunft, es kann rechnen und kann doch nit an den Fingern herzählen,
25 warum? Kann sich nur nit ausdrücken, nur nit expliciren, ist ein verwandelter Mensch! Sag den Her-

---

21-23 Mensch sey natürlich, du bist geschaffen Staub, Sand, Dreck. Willst
du mehr seyn, als Staub, Sand, Dreck?‖ *vgl. auch H 1,10* Was ist der
Mensch? Knochen! Staub, Sand, Dreck. Was ist die Natur? Staub, Sand,
Dreck. *und H 4,11* Warum ist der Mensch?

⟨*H 4,5*⟩
ren, wieviel Uhr es ist. Wer von den Herren und Damen hat ⌐eine Uhr,⌐ eine Uhr?

Unterofficier. Eine Uhr! (zieht großartig und gemessen die Uhr aus der Tasche) Da mein Herr.
⟨*VERMUTLICH ARBEITSNOTIZ:*⟩ *(Das ist ein Weibs-*   5
bild guckt sieben Paar lederne Hosen durch)

Margreth. Das muß ich sehn (sie klettert auf den
1. Platz. Unterofficier hilft ihr)

⟨*EIN VIERTEL DER SEITE UNBESCHRIEBEN,
MÖGLICHERWEISE ARBEITSLÜCKE*⟩   10

⟨*H 1,3*⟩

⟨*SZENE NACHTRÄGLICH GESTRICHEN*⟩

Margreth. (allein)   Der andere hat ihm befohlen
und er hat gehn müssen, Ha! Ein Mann vor einem
Andern.   15

5f. (Das ist ein Weibsbild guckt sieben Paar lederne Hosen durch)⟧ *vgl.
auch H 2,2* sie guckt siebe Paar lederne Hose durch. *und H 4,2* aber sie,
sie guckt 7 Paar lederne Hose durch.

⟨H1,4⟩ ⇨ ⟨H4,10⟩

⟨SZENE NACHTRÄGLICH GESTRICHEN⟩

Der Casernenhof.

~~Andres.~~ Louis.

5 ~~Andres~~ ~~(singt)~~
    ~~Frau Wirthin hat n'e brave Magd~~
    ~~Sie sitzt im Garten Tag und Nacht~~
    ~~Sie sitzt in ihrem Garten~~
    ~~Bis daß das Glöcklein zwölfe schlägt~~
10   ~~Und paßt auf die Soldaten.~~
Louis~~.~~ ~~Ha Andres, ich hab keine Ruh!~~
~~Andres. Narr!~~
Louis. Was meinst du? So red doch.
~~Andres Nu?~~
15 Louis. Was glaubst du wohl, daß ich hier bin?
Andres. Weils ~~schön Wetter~~ ist und ~~sie~~ heut ~~tanzen~~.
Louis. ~~Ich muß fort,~~ muß sehen!
~~Andres. Was willst du?~~
Louis~~.~~ ~~Hinaus!~~
20 ~~Andres.~~ Du Unfriede, wegen ~~des Menschs~~
Louis ~~Ich muß~~ fort.

---

6 Frau Wirthin hat n'e brave Magd⟧ *das Lied findet sich auch in* H1,17
   und H4,10.
11 L o u i s. Ha Andres, ich hab keine Ruh!⟧ *vgl. auch* H1,7 Louis Ich
   hab keine Ruh, H1,13 L o u i s Ich habe keine Ruhe! H4,10 W o y -
   z e c k. Andres, ich hab keine Ruh. *und* H4,13 Andres! Andres! ich
   kann nit schlafen,
17 Ich muß fort,⟧ *vgl. auch* H2,2 Ich muß fort! H4,2 Ich muß fort H4,4
   Ich muß fort. *und* H4,10 Ich muß fort.

⟨H 1,5⟩ ⇨ ⟨H 4,11⟩

⟨*SZENE NACHTRÄGLICH GESTRICHEN*⟩

~~Wirthshaus.~~

~~Die Fenster~~ sind ~~offen~~. Man ~~tanzt.~~
Auf der ~~Bank vor dem Haus~~   5

Louis, ~~(lauscht am Fenster)~~   Er – Sie! Teufel! *(er
setzt sich zitternd nieder)*

⟨H 4,10⟩   (Er geht wieder an's Fenster) Wie ⌐~~das geht!~~¬ Ja ~~wälzt
Euch übereinander~~! Und Sie: ~~immer, zu – immer zu~~.
Der Narr. Puh! Das riecht.   10
Louis. Ja das riecht! Sie hat rothe rothe Backen und
warum riecht sie schon? Karl, was witterst du so?
Der Narr. Ich riech, ich riech Blut.
Louis.   Blut? Warum wird es mir so roth vor den
Augen! Es ist mir als wälzten sie sich in einem Meer 15
von Blut, all miteinander! He rothes Meer.

⟨H 1,6⟩ ⇨ ⟨H 4,12⟩

⟨*SZENE NACHTRÄGLICH GESTRICHEN*⟩

~~Freies Feld.~~

Louis ~~Immer! zu!~~ – ~~Immer zu!~~ – Hisch! hasch, so 20
ziehn die Geigen und die Pfeifen. – ~~Immer~~ zu! ~~im-
mer zu~~! ~~Was~~ spricht da~~?~~ da unten aus dem Boden

6f. (er setzt sich zitternd nieder)⟧ *vgl. auch H3,1* (Er setzt sich.) *H4,11*
sinkt zurück auf die Bank *und H4,14* (sezt sich erschöpft zitternd auf
die Bank).

hervor, ganz leise was, was? (er bückt ~~sich~~ nieder)
Stich, ~~Stich, Stich die~~ Woyzecke ~~todt, Stich, ~~stich die~~~~
~~Woyzecke~~ ~~todt.~~ [und immer ~~lauter~~ und jezt brüllt
es, als wär der Himmel ein Rachen, stich stich die
5   Woyzecke todt! stich die Woyzecke todt. Immer
zu!] Was! das zischt und wimmert und donnert.

⟨H 1,7⟩ ⇨ ⟨H 4,13⟩
   ⟨*SZENE NACHTRÄGLICH GESTRICHEN*⟩

      Ein Zimmer.

10   Louis und Andres.

Andres He!
Louis. Andres!
Andres (murmelt im Schlaf)
Louis. He Andres!
15 Andres. Na, was is?
Louis *Ich hab keine Ruh,* ~~ich hör~~*'s immer, wies*
~~geigt~~ und springt, ~~immer zu! immer zu~~! U~~nd dann~~
~~wann ich die Augen zumach,~~ da blitzt es mir ~~immer~~,
es ist ein großes breites Messer und das liegt auf ei-
20 *nem Tisch am Fenster und ist in einer dunkeln Gaß*

---

2 f. Stich, Stich, Stich die Woyzecke todt, Stich, stich die Woyzecke todt.]‖
vgl. auch H 1,13 Immer zu. Stich! stich die Woyzecke todt. H 4,12
stich, stich die Zickwolfin todt? stich, stich die Zickwolfin todt. *und*
H 4,13 Es [redet immer, stich! stich,]
16 Ich hab keine Ruh,]‖ *vgl. auch* H 1,4 Louis. Ha Andres, ich hab keine
Ruh! H 1,13 Louis Ich habe keine Ruhe! H 4,10 Woyzeck.
Andres, ich hab keine Ruh. *und* H 4,13 Andres! Andres! ich kann nit
schlafen.

und ein alter Mann sitzt dahinter. *Und das ~~Messer~~
ist ~~mir~~ immer ~~zwischen den Augen~~.*
Andres.   Schlaf Narr!

⟨H 1,8⟩

Kasernenhof.   5

Louis Hast nix gehört.
Andres.   Er ist da vorbey mit einem Kameraden.
Louis Er hat was gesagt.
Andres.   Woher weißt dus? Was soll ichs sagen. Nu,
  er lachte und dann sagte er ein köstlich Weibsbild!   10
  die hat Schenkel und Alles so fest!
Louis. (ganz kalt) So hat er das gesagt?
  Von was hat mir doch heut Nacht geträumt? War's
  nicht von einem Messer? Was man doch närrische
  Träume hat.   15
Andres.   Wohin Kamerad?
Louis Meinem Officier Wein holen. – Aber Andres,
  sie war doch ein einzig Mädel.
Andres.   Wer war?
Louis.   Nix. Adies.   20

---

1 f. Und das Messer ist mir immer zwischen den Augen.]] *vgl. auch* H 1,11
Es zieht mir immer so zwischen den Augen herum. *und* H 4,13 Es zieht
mir zwischen den Augen wie ein Messer.

⟨*H1,9*⟩

⟨*SZENE NACHTRÄGLICH GESTRICHEN*⟩

Der Officier, Louis.

Louis (allein) Was hat er gesagt? So? – Ja es ist noch
5   nicht aller Tag Abend.

⟨*H1,10*⟩

⟨*SZENE NACHTRÄGLICH GESTRICHEN*⟩

Ein ⌈~~Wirthshaus.~~   ⟨*H4,14*⟩

Barbier. Unterofficier.

10 Barbier.

Ach Tochter, liebe Tochter
Was hast du gedenkt,
Daß du dich an die Landkutscher
Und die Fuhrleut hast gehängt. –
15   Was kann der liebe Gott nicht, was? Das Geschehene ungeschehn machen. Hä hä hä! – Aber es ist
einmal so, und es ist gut, daß es so ist. Aber besser
ist besser.
(singt)   *~~Brantewein das ist mein Leben~~*
20   *~~Brantwein giebt Courage~~*⌉

19f. Brantewein das ist mein Leben / Brantwein giebt Courage‖ *vgl. auch*
H2,4 Brandewein das ist mein Leben, Brandwein giebt Courage.
H4,11 Meine Seele stinkt nach Brandewein, *und H4,14* Brandewein
das ist mein Leben / Brandwein giebt courage!

⟨H 2,7⟩ ⌐Und ~~ein~~ ordentlicher ~~Mensch hat sein Leben lieb~~,
und ein Mensch, der sein Leben lieb hat, hat keine
Courage, ~~ein~~ tugendhafter ~~Mensch hat keine Cou-~~
~~rage!~~ Wer ~~Courage hat~~ ist ~~ein Hundsfott~~.⌐

⟨H 4,5⟩ U n t e r o f f i c i e r ⌐(mit Würde)⌐ Sie vergessen sich,   5
in Gegenwart eines Tapferen.
B a r b i e r . Ich spreche ohne Beziehungen, ich spreche
nicht mit Rücksichten, wie die Franzosen sprechen,
und es war schön von Euch. – Aber wer Courage
hat ist ein Hundsfott!   10

⟨H 2,7⟩ U n t e r o f f i c i e r .   Teufel! du zerbrochene ⌐~~Bart-~~
~~schüssel~~, du abgestandene Seifenbrühe du sollst mir
deinen Urin trinken, du sollst mir dein ~~Rasirmesser~~⌐
verschlucken!

⟨H 4,5⟩ B a r b i e r   Herr Er thut sich Unrecht, ⌐hab ~~ich ihn~~   15
denn ~~gemeint~~,⌐ hab ich gesagt er hätt Courage?
Herr laß er mich in Ruh! Ich bin die Wissenschaft.
Ich bekomme für meine Wissenschaftlichkeit alle
Woche einen halben Gulden, schlag Er mich nicht
grad oder ich muß verhungern. Ich bin eine spinosa   20
pericyclyda; ich hab einen lateinischen Rücken. Ich
bin ein lebendiges Skelett, die ganze Menschheit
studirt an mir –. *Was ist der Mensch? Knochen!*
Staub, Sand, Dreck. Was ist die Natur? Staub, Sand,
Dreck. Aber die dummen Menschen, die dummen   25
Menschen. Wir müssen Freunde seyn. Wenn Ich
keine Courage hätte gäb es keine Wissenschaft,
keine Natur, keine Amputation, exartication. Was

23–25 Was ist der Mensch? Knochen! Staub, Sand, Dreck. Was ist die Natur? Staub, Sand, Dreck.⟧ *vgl. auch* H 1,2 Mensch sey natürlich, du bist
geschaffen Staub, Sand, Dreck. Willst du mehr seyn, als Staub, Sand,
Dreck? *und* H 4,11 Warum ist der Mensch?

ist das, mein Arm, Fleisch, Knochen, Adern? Was
ist das Dreck? *Worin steckt's, im Dreck?* Laß ich
den Arm so abschneiden, nein, der Mensch ist egoistisch, aber haut, schießt, sticht hinein, so, jezt. Wir
5 müssen Freunde, ich bin gerührt. Seht ⌜i̶c̶h̶ ̶w̶o̶l̶l̶t̶e̶   ⟨H 4,11⟩
u̶n̶s̶r̶e̶ ̶N̶a̶s̶e̶n̶ ̶w̶ä̶r̶e̶n̶ ̶z̶w̶e̶i̶ ̶B̶o̶u̶t̶e̶i̶l̶l̶e̶n̶ und w̶i̶r̶
k̶ö̶n̶n̶t̶e̶n̶ ̶s̶i̶e̶ ̶u̶n̶s̶ ̶e̶i̶n̶a̶n̶d̶e̶r̶ ̶i̶n̶ ̶d̶i̶e̶ ̶H̶ä̶l̶s̶ ̶g̶i̶e̶ß̶e̶n̶.⌝
Ach was die Welt schön ist! Freund! mein Freund!
Die Welt! (gerührt) seht einmal die Sonne kommt
10 zwischen den Wolken hervor, als würd' e potchambre ausgeschütt. (er weint.)

⟨H 1,11⟩ ⇨ ⟨H 4,17⟩

Das Wirthshaus.

(Louis sitzt vor dem Wirthshaus)
15 Leute gehn hinaus.

Andres Was machst du da?
Louis. Wieviel Uhr ist's?
Andres. —— ⟨ARBEITSLÜCKE BIS ZEILENENDE⟩
Louis So noch nicht mehr? Ich mein es müßte
20 schneller gehn und Ich wollt es wär übermorgen
Abend
Andres Warum?
Louis. Dann wär's vorbey.
Andres Was?

---

2 Worin steckt's, im Dreck?⟧ *vgl. auch* H 2,6 da steckt's! da! *und* H 4,8 Da,
da steckts.
8 Ach was die Welt schön ist!⟧ *vgl. auch* H 2,4 Warum ist dieße Welt so
schön? *und* H 4,11 Wie ist dieße Welt so schön.

Louis. Geh deine Wege.

— ⟨*VERMUTLICH TRENNSTRICH*⟩

Andres. Was sitzt du da vor der Thür?
Louis Ich sitze gut da, und ich weiß – aber es sitzen
       manche Leut vor der Thür und sie wissen es nicht;   5
       Es wird mancher mit den Füßen voran zur Thür
       n'aus getragen.
Andres. Komm mit!

— ⟨*VERMUTLICH TRENNSTRICH*⟩

Louis. Ich sitz gut so und läg noch besser gut so. Je   10
       kürzer +++ +++++ und je ++++ +++++ so besser.

— ⟨*VERMUTLICH TRENNSTRICH*⟩

Louis. Wenn alle Leut wüßten wieviel Uhr es ist, sie
       würden sich ausziehn, und ein sauberes Hemd
       anthun und *sich die Hobelspän schütteln lassen.*   15
Andres. Er ist besoffen.
Louis Was liegt dann da drüben? Eben glänzt es so.
       Es zieht mir immer so zwischen den Augen herum.
       Wie es glitzert. Ich muß das Ding haben.

---

15 sich die Hobelspän schütteln lassen.] *vgl. auch H 4,1* und er lag auf den
   Hobelspänen *und H 4,17* wann der Schreiner die Hobelspän sammelt,
18 Es zieht mir immer so zwischen den Augen herum.] *vgl. auch H 1,7*
   Und das Messer ist mir immer zwischen den Augen. *und H 4,13* Es
   zieht mir zwischen den Augen wie ein Messer.

⟨*H1,12*⟩

Freies Feld.

Louis. (er legt das Messer in eine Höhle) Du sollst
nicht tödten. Lieg da! Fort! (er entfernt sich eilig)

5 ⟨*H1,13*⟩ ⇨ ⟨*H4,13*⟩

~~Nacht.~~ Mondschein

~~Andres~~ und Louis ~~in einem Bett.~~

Louis (leise.) ~~Andres!~~
Andres. (träumt) Da! halt! – Ja
10 Louis. He ~~Andres~~.
Andres Wie?
Louis *Ich habe keine Ruhe!* Andres
Andres. Drückt dich der Alp?
Louis. Draußen liegt was. Im Boden. Sie deuten im-
15 mer drauf hin und hörst du jezt, und jezt, wie sie in
~~den Wänden~~ klopfen? eben hat einer zum Fenster
hereingeguckt. ~~Hörst du~~'s ~~nicht~~, ich hör's den
ganzen Tag. *~~Immer zu.~~ Stich, ~~stich~~ die Woyzecke
todt.*

---

12 L o u i s Ich habe keine Ruhe!]] *vgl. auch H1,4* L o u i s . Ha Andres,
ich hab keine Ruh! *H1,7* L o u i s Ich hab keine Ruh, *H 4,10*
W o y z e c k . Andres, ich hab keine Ruh. *und H4,13* Andres! Andres!
ich kann nit schlafen.

18 f. Immer zu. Stich, stich die Woyzecke todt.]] *vgl. auch H 1,6* Stich, Stich,
Stich die Woyzecke todt, Stich, stich die Woyzecke todt. *H 4,12* stich,
stich die Zickwolfin todt? stich, stich die Zickwolfin todt. *und*
H 4,13 Es [redet immer, stich! stich,]

⟨H4,17⟩ ~~A n d r e s.~~ ⌐Leg dich Louis ~~du~~ mußt ~~ins Lazareth.~~⌐ *~~Du mußt Schnaps trinken und Pulver drin, das schneidt das Fieber~~*.

⟨H1,14⟩
Margreth mit Mädchen   5
vor der Hausthür

Mädchen.
        Wie scheint die Sonn St. Lichtmeßtag
        Und steht das Korn im Blühn.
        Sie gingen wohl die Straße hin   10
        Sie gingen zu zwei und zwein
        Die Pfeifer gingen vorn
        Die Geiger hinter drein.
        Sie hatten rothe Socken
1. K i n d. S'ist nit schön.   15
2. K i n d. Was willst du auch immer.
K i n d. Was hast zuerst   K i n d. Warum?
        angefangen
K i n d. Ich kann nit.   K i n d. Darum!
K i n d. Es muß singen.   K i n d. Aber warum   20
                                       darum?
K i n d. Margrethchen sing du uns.
M a r g r e t h. Kommt ihr kleinen Krabben!
        Ringle, ringel Rosenkranz. König Herodes.
        Großmutter erzähl.   25

1–3 A n d r e s. Leg dich Louis du mußt ins Lazareth. Du mußt Schnaps trinken und Pulver drin, das schneidt das Fieber.] *vgl. H4,13* A n d r e s.
Du mußt Schnaps trinken und Pulver drein, das schneidt das Fieber.
und H 4,17 A n d r e s. Franz, du kommst in's Lazareth. A++++
du mußt Schnaps trinken und Pulver drein das tödt das Fieber.

Großmutter. Es war einmal ein arm Kind und hat
keinen Vater und keine Mutter, war Alles todt und
war Niemand mehr auf der Welt. Alles todt, und es
ist hingangen und hat gerrt Tag und Nacht. Und wie
5 auf der Erde Niemand mehr war, wollt's in Himmel
gehn, und der Mond guckt es so freundlich an und
wie's endlich zum Mond kam, war's ein Stück faul
Holz und da ist es zur Sonn gangen und wie's zur
Sonn kam, war's eine verwelkte Sonnenblume und
10 wie's zu den Sternen kam, warens kleine goldene
Mücken die waren angesteckt wie der Neuntödter
sie auf die Schlehen steckt und wies wieder auf die
Erde wollt, war die Erde ein umgestürzter Hafen
und es war ganz allein und da hat sich s hingesetzt
15 und gerrt und da sitzt es noch und ist ganz allein.
Louis. Margreth!
Margreth. (erschreckt) was ist?
Louis. Margreth wir wollen gehn s'ist Zeit,
Margreth Wohinaus?
20 Louis. Weiß ich's?

⟨H 1,15⟩
                    Margreth und Louis.

Margreth Also dort hinaus ist die Stadt, s'ist fin-
ster.
25 Louis Du sollst noch bleiben. Komm setz dich.
Margreth Aber ich muß fort.
Louis Du würdest dir die Füße nicht wund laufen.
Margreth Wie bist du denn auch!
Louis Weißt du auch wie lang es jezt ist Margreth?

Margreth Um Pfingsten 2 Jahre.
Louis Weißt du auch wie lang es noch seyn wird?
Margreth. Ich muß fort der Nachtthau fällt.
Louis   Frierts' dich, *Margreth, und doch bist du*
   warm. Was du heiße Lippen hast! (heiß, heißer   5
   Hurenathem und doch möcht' ich den Himmel ge-
   ben sie noch einmal zu küssen)
   S+++be und wenn man kalt ist, so friert man nicht
   mehr.
   Du wirst vom Morgenthau nicht frieren.   10
Margreth. Was sagst du?
Louis. Nix. (schweigen)
Margreth Was der Mond roth auf geht.
Louis. Wie ein blutig Eisen.
Margreth. Was hast du vor? Louis, du bist so blaß. 15
   Louis halt. Um des Himmels willen, He Hülfe
Louis Nimm das und das! Kannst du nicht sterben.
   So! so! Ha sie zuckt noch, noch nicht noch nicht?
   Immer noch? (stößt zu)
   Bist du todt? Todt! Todt! (es kommen Leute, läuft 20
   weg)

⟨H 1,16⟩

               Es kommen Leute.

1. Person. Halt!
2. Person. Hörst du? Still! Dort   25
1. Person. Uu! da! Was ein Ton.

---

4 f. Margreth, und doch bist du warm.]| *vgl. auch H 1,17* Käthe du bist heiß!
   und H 4,11 Das Weib ist heiß, heiß!

2. Person. Es ist das Wasser, es ruft, schon lang ist
   Niemand ertrunken. Fort s'ist nicht gut, es zu
   hören.
1. Person.   Uu jezt wieder. Wie ein Mensch der
5 stirbt.
2. Person. Es ist unheimlich, so düftig – halb Ne-
   bel, grau und das Summen der Käfer wie gesprungene Glocken. Fort!
1. Person. Nein, zu deutlich, zu laut. Da hinauf.
10 Komm mit.

⟨H1,17⟩

Das Wirthshaus.

Louis: Tanzt alle, immer zu, schwizt und stinckt, er
   holt Euch doch einmal Alle.
15 (singt)
        [Ach Tochter, liebe Tochter was hast du gedenkt]
        Frau Wirthin hat 'ne brave Magd
        Sie sitzt im Garten Tag und Nacht
        Sie sitzt in ihrem Garten
20   *Bis daß das Glöcklein zwölfe schlägt*
        Und paßt auf die Soldaten.
   (er tanzt) So Käthe! setz dich! Ich hab heiß! heiß (er
   zieht den Rock aus) es ist einmal so, der Teufel holt
   die eine und läßt die andre laufen.
25 ⌜*Käthe du bist heiß!*⌝ Warum denn Käthe du wirst ⟨H4,11⟩

---

17 Frau Wirthin hat 'ne brave Magd] *das Lied findet sich auch in* H1,4 *und*
   H4,10.
25 Käthe du bist heiß!] *vgl.* H1,15 Margreth, und doch bist du warm. *und*
   H4,11 Das Weib ist heiß, heiß!

auch noch kalt werden. Sey vernünftig. Kannst du
nicht singen?

Käthe.

    Ins Schwabeland das mag ich nicht
    Und lange Kleider trag ich nicht   5
    Denn lange Kleider spitze Schuh,
    Die kommen keiner Dienstmagd zu.

Louis.   Nein, keine Schuh, man kann auch ohne
Schuh in die Höll gehn.

Käthe.   10

    O pfui mein Schatz das war nicht fein.
    Behalt dein Thaler und schlaf allein.

Louis.   Ja wahrhaftig, ich möchte mich nicht blutig
machen.

Käthe.   Aber was hast du an deiner Hand?   15

Louis.   Ich? Ich?

Käthe   Roth, Blut (es stellen sich Leute um sie)

Louis   Blut? Blut?

Wirth.   Uu Blut.

Louis   Ich glaub ich hab' mich geschnitten, da an die   20
rechte Hand.

Wirth.   Wie kommt's aber an den Ellenbogen?

Louis   Ich hab's abgewischt.

Wirth.   Was mit der rechten Hand an den rechten El-
bogen. Ihr seyd geschickt   25

Narr.   Und da hat der Riese gesagt: ich riech, ich
riech, ich riech Menschenfleisch. Puh. Der stinkt
schon

Louis   Teufel, was wollt Ihr? Was geht's Euch an?
Platz! oder der erste – Teufel. Meint Ihr ich hätt Je-   30
mand umgebracht? Bin ich Mörder? Was gafft Ihr!
Guckt Euch selbst an. Platz da (er läuft hinaus.)

⟨H 1,18⟩

Kinder

1. **Kind.** Fort. Margrethchen!
2. **Kind** Was i's.
5 1. **Kind.** Weißt du's nit? Sie sind schon alle hinaus.
   Draußen liegt eine!
2. **Kind.** Wo?
1.) **Kind.**   Links über die Lochschneise in dem
   Wäldchen, am rothen Kreuz.
10 2.) **Kind.** Fort, daß wir noch was sehen. Sie tragen
   sie sonst hinein.

⟨H 1,19⟩

Louis, allein

Das Messer? Wo ist das Messer? Ich hab' es da ge-
15 lassen. Es verräth mich! Näher, noch näher! Was ist
das für ein Platz? Was höre ich? Es rührt sich was.
Still. Da in der Nähe. Margreth? Ha Margreth! *Still.*
Alles still! (Was bist du so bleich, Margreth? Was
hast du eine rothe Schnur um den Hals? Bey wem
20 hast du das Halsband verdient, mit deiner Sünde?
Du warst schwarz davon, schwarz! Hab ich dich
jezt gebleicht. Was hängen deine schwarzen Haare,
so wild? Hast du die Zöpfe heut nicht geflochten?)
Da liegt was! kalt, naß, stille. Weg von dem Platz,
25 das Messer, das Messer, hab ich's? So! Leute – Dort.
(er läuft weg)

17 f. Still. Alles still!⟧ *vgl. auch H 2,1* Still, ganz still, *und H 4,1* Still, Alles
still,

⟨*H 1,20*⟩

Louis an einem Teich.

So, da hinunter! (er wirft das Messer hinein) Es
taucht in das dunkle Wasser, wie Stein! Der Mond
ist wie ein blutig Eisen! Will denn die ganze Welt es   5
ausplaudern? Nein es liegt zu weit vorn, wenn sie
sich baden (er geht in den Teich und wirft weit) so
jezt, aber im Sommer, wenn sie tauchen nach Muscheln, bah es wird rostig. Wer kann's erkennen –
hätt' ich es zerbrochen! Bin ich noch blutig? ich   10
muß mich waschen. Da ein Fleck und da noch einer.

⟨*H 1,21*⟩

Gerichtsdiener. Barbier.
Arzt. Richter.

Polizeydiener. Ein guter Mord, ein ächter Mord,   15
ein schöner Mord, so schön als man ihn nur verlangen thun kann, wir haben schon lange so keinen gehabt. –

⟨*H 2,3*⟩ ⟨*ARBEITSNOTIZ:*⟩ (Barbier, ⌈~~dogmatischer Athe-
ist~~⌉. Lang, hager, feig, possirlich, Wissenschaft.)   20

⟨FOLIOHANDSCHRIFT H 2⟩

⟨H 2,1⟩ ⇨ ⟨H 4,1⟩
     ⟨SZENE NACHTRÄGLICH GESTRICHEN⟩

~~Freies Feld. Die Stadt in der Ferne.~~

5   Woyzeck. Andres.
~~Andres~~ ~~und~~ ~~Woyzeck~~ ~~schneiden~~ ~~Stöcke~~
              ~~im Gebüsch.~~

~~Andres~~ (pfeift und ~~singt~~)
              Da ist die schöne Jägerei.
10   Schießen steht Jedem frei
              Da möcht' ich Jäger seyn
              Da möcht ich hin.

              Laüft dort e Has vorbey
              Frägt mich ob ich Jäger sey
15   Jäger bin ich auch schon gewesen,
              Schießen kann ich aber nit.
~~Woyzeck.~~ ~~Ja Andres~~, das ist er, der Platz ist ver-
flucht. Siehst du ~~den~~ leichten ~~Streif~~, ~~da über das~~
~~Gras hin,~~ wo die Schwämme so nachwachsen ~~da~~
20 ~~rollt Abends der Kopf, es hob ihn einmal einer auf,~~
~~er meint es~~ sey ~~ein Igel,~~ 3 ~~Tage~~ und 2 ~~Nächte~~ nur das
Zeichen, ~~und er~~ war todt. ~~(Leise)~~ Das ~~waren die~~
~~Freimaurer, ich hab'~~ es haus.
Andres Es wird finster, fast macht Ihr mir Angst.
25 (er singt)
~~Woyzeck~~ (Faßt ihn an) ~~Hörst du~~'s Andres? Hörst

du's ~~es geht~~! neben uns~~,~~ ~~unter~~ uns. Fort, die Erde
schwankt unter unsern Sohlen. ~~Die Freimaurer!~~
Wie sie wühlen! ~~(Er reißt ihn mit sich)~~
A n d r e s Laßt mich! Seyd Ihr toll! Teufel.
~~Woyzeck~~ Bist du ein Maulwurf, sind deine Ohren   5
voller Sand? Hörst du das fürchterliche ~~Getös~~ am
~~Himmel~~, Ueber der Stadt, Alles Gluth! ~~Sieh nicht~~
~~hinter dich~~. ~~Wie es herauf~~fliegt, und Alles ~~darunter~~
~~Andres~~ Du machst mir Angst.
~~Woyzeck~~ ~~Sieh nicht hinter dich~~! ~~(Sie verstecken~~   10
sich ~~im Gebüsch)~~
~~Andres~~ ~~Woyzeck~~ ich ~~hör~~ nichts mehr.
~~Woyzeck~~. *~~Still~~, ganz ~~still~~,* wie der ~~Tod.~~
~~Andres.~~ ~~Sie trommeln drin. Wir müssen fort.~~

⟨*H 2,2*⟩ ⇨ ⟨*H 4,2*⟩   15
    ⟨*SZENE NACHTRÄGLICH GESTRICHEN*⟩

D i e S t a d t.

L o u i s e. ~~Margreth. (am Fenster)~~
~~Der~~ ~~Zapfenstreich~~ ~~geht vorbey~~.
    ~~Tambourmajor~~~~, voraus.~~   20

L o u i s e ~~He! Bub! Sa!~~ ~~ra~~
~~Margreth.~~ ~~Ein~~ schöner ~~Mann~~!
L o u i s e. ~~Wie e~~ ~~Baum.~~
         ~~(Tambourmajor grüßt.)~~

---

13 Still, ganz still,‖ *vgl. auch H 1,19* Still. Alles still! *und H 4,1* Still, Alles
still,

Margreth. ~~Ey was freundliche Auge, Frau Nach-~~
~~bar, so was is man nit an ihr gewöhnt.~~
Louise.
~~Soldaten, das sind~~ schmucke ~~Bursch~~

5 ⟨*ARBEITSLÜCKE VON EIN BIS ZWEI LEERZEILEN*⟩

Margreth. ~~Ihr Auge glänze ja noch!~~
Louise ~~Was~~ geht sies an! ~~Trag sie ihr Auge zum Jude~~
~~und laß sie sich putze, vielleicht glänze sie auch~~
~~noch, daß man sie [für] als 2 Knöpf verkaufe könnt.~~
10 Margreth. ~~Sie! Sie! Frau Jungfer, ich bin e honette~~
~~Person, aber Sie,~~ es weiß jeder *sie guckt siebe Paar*
lederne Hose durch.
Louise ~~Luder (schlägt das Fenster zu)~~
~~Komm mein Bu,~~ soll ich dir singen? ~~Was die Leut~~
15 ~~wollen!~~ Bist du auch nur e ~~Hurenkind und machst~~
~~deiner Mutter Freud mit dein unehrliche Gesicht.~~
        ~~Hansel spann deine sechs Schimmel an~~
        ~~Gieb ihn zu fresse auf's neu~~
        ~~Kein Haber fresse sie,~~
20   ~~Kein Wasser saufe sie~~
        ~~Lauter kühle Wein muß es seyn, Juchhe.~~
        ~~Lauter kühle Wein muß es seyn.~~

        ~~Mädel, was fangst du jetzt an~~
        ~~Hast ein klein' Kind und kein Mann?~~
25   ~~Ey was frag ich danach~~
        ~~Sing ich den ganzen Tag~~

12f. sie guckt siebe Paar lederne Hose durch.] *vgl. auch H 1,2* (Das ist ein
    Weibsbild guckt sieben Paar lederne Hosen durch) *und H 4,2* aber sie,
    sie guckt 7 Paar lederne Hose durch.

~~Heyo popeio mein Bu, juchhe.~~
~~Giebt mir kein Mensch nix dazu.~~
~~(es klopft am Fenster) Bist du's Franz? Komm her-~~
~~ein.~~
~~Woyzeck.~~ Ich kann ~~nit. Muß zum Verles.~~   5
L o u i s e Hast du Stecken geschnitten für den Major?
W o y z e c k   Ja Louise!
L o u i s e. ~~Was hast du Franz~~, du siehst so verstört?
~~Woyzeck~~ pst! still! Ich hab's aus! Die Freimaurer!
Es ~~war~~ ein fürchterliches Getös am Himmel und   10
Alles in Gluth! Ich bin ~~viel~~ auf der Spur! sehr viel!
L o u i s e Narr!
~~Woyzeck.~~ Meinst? Sieh um dich! Alles starr fest,
finster, was regt sich da~~hinter~~. Etwas, was wir nicht
fassen +++++ still, was uns von Sinnen bringt, aber   15
ich hab's aus. ~~Ich muß fort~~!
L o u i s e. Dein Kind?
~~Woyzeck.~~   Ah. Junge! Heut Abend auf die Messe.
Ich hab wieder was gespart (ab)
L o u i s e. ~~Der Mann schnappt noch über~~, er hat mir   20
Angst gemacht. Wie unheimlich, ich mag, wenn ~~es~~
finster ~~wird~~ gar nicht bleiben, ich glaub' ich bin
~~blind,~~ er steckt einen an. [Ich will vor die Thür.]
⌐Sonst scheint doch als die Latern herein.¬ ⌐Ach wir
armen Leute.¬ (sie singt:)   25

⟨H 4,4⟩

und macht die Wiege knickknack
Schlaf wohl mein lieber Dicksack.
(Sie ~~geht ab.~~)

---

16 Ich muß fort!] *vgl. auch H 1,4* Ich muß fort, *H 4,2* Ich muß fort *H 4,4*
   Ich muß fort. *und H 4,10* Ich muß fort.
24 f. Ach wir armen Leute.] *vgl. H 4,4* Wir arme Leut! *und H 4,5* Wir arme
   Leut.

⟨H2,3⟩

Oeffentlicher Platz. ⌜**Bude.** Lichter.   ⟨H1,1⟩

Alter Mann. Kind das tanzt:
Auf der Welt ist kein Bestand
5 Wir müssen alle sterben, das ist uns wohlbekannt!
Franz. He! Hopsa! Armer Mann, alter Mann! Armes Kind! Junges Kind! ++++ und ++st! Hey Louisel, soll ich dich tragen? Ein Mensch muß nach d.
+++ vo+ ++den, damit er essen kann. ++++ Welt!
10 Schöne Welt!
Ausrufer, An **einer Bude: Meine Herren,** meine
Damen, **hier ist zu sehn das astronomische Pferd
und die kleinen Canaillevögele,** sind **Liebling von
all**en Potentaten⌝ Europas und ⌜ **Mitglied von allen**   ⟨H1,2⟩
15 **gelehrten Societäten**; weissagen den Leuten Alles,
wie alt, wie viel Kinder, was für Krankheiten,
schießt Pistol los, stellt sich auf ein Bein. Alles Erziehung, haben nur eine **viehische Vernunft,** oder
vielmehr eine ganz vernünftige Viehigkeit, **ist kein**
20 **viehdummes Individuum** wie viele **Person**en,⌝ das
verehrliche Publikum abgerechnet. ⌜**Es wird seyn,**   ⟨H1,1⟩
**die räpräsentation, das commencement vom
commencement** wird **sogleich** nehm sein **Anfang.**⌝
Sehn Sie die Fortschritte der Civilisation. Alles
25 schreitet fort, ein Pferd, ein Aff, ein Canaillevogel.
Der Aff' ist schon ein Soldat, s'ist noch nit viel, unterst Stuf von menschliche Geschlecht!

---

2 Oeffentlicher Platz. BuBuude. Lichter.] *vgl. H1,1* Buuude.
Volk. Marktschreier vor einer Bude. *und H4,3* Buuude.
Lichter. Volk.

Narr. Grotesk! Sehr grotesk

⟨H1,21⟩ S +++. Sind Sie auch ein Atheist! ich bin ein ⌐**dogmatischer Atheist**⌐

++. Ist's grotesk? Ich bin ein Freund vom grotesken.
Sehn sie dort? was ein grotesker Effect.   5

+++. Ich bin ein dogmatischer Atheist.

Narr. Grotesk.

⟨H 2,4⟩ ⇨ ⟨H 4,11⟩

⟨*SZENE NACHTRÄGLICH GESTRICHEN*⟩

Handwerks~~burschen.~~   10

Ein Handwerksbursch. ~~Bruder! Vergißmeinnicht! Freundschaft – Ich könnt ein Regenfaß voll
greinen.~~ Wehmuth! wenn ich noch eine hätt! Es
st++kt nur, es r++st nur. ~~*Warum ist dieße Welt so
schön*?~~ Wenn ich's eine Aug zu mach und über   15
meine Nas hinguck, so is Alles rosenroth. *Brandewein, das ist mein Leben.*

Ein Anderer Er sieht Alles rosenroth, wann ein
Kreuz über seine Nas guckt.

+++ S'is keine Ordnung! Was hat der Laternputzer 20
vergessen mir die Augen zu fegen, s'is Alles finster.
Hol der Teufel den lieben Herrgott! Ich lieg mir

---

14 f. Warum ist dieße Welt so schön?⟧ *vgl. auch* H 1,10 Ach was die Welt
schön ist! *und* H 4,11 Wie ist dieße Welt so schön.

16 f. Brandewein, das ist mein Leben.⟧ *vgl. die Fußnote zu Seite 70,
Zeile 1–3 in* H 2,4.

selbst im Weg und muß über mich springen. Wo
is mein Schatten hingekommen? Keine Sicherheit
mehr im Staat. Leucht mir einmal einer mit dem
Mond zwischen die Beine ob ich meinen Schatten
5 noch hab.

⌜~~Fraßen ab das grüne, grüne Gras~~   ⟨H4,1⟩

~~Fraßen ab das grüne, grüne Gras~~

~~Bis auf den Ra~~ – a – ~~sen.~~⌝

Sternschnuppe, ich muß den Sternen die Nas
10 schneuzen.

Daß ich +++ +++ Gesellen, die Handthierung, ist
d++ ++cht, Sch+++, eine Th+++eit, Th++++chheit,
V+higkeit ++++ ++++ligen Mannes +++++++ und
empfiehlt sich +++ +++h++ u+zeugten Kindern.
15 ~~Mach kein Loch in die Natur.~~

~~Warum hat~~ Gott ~~die Menschen geschaffen?~~ Das hat
auch seinen Nutzen, ~~was~~ würde ~~der Landmann, der~~
~~Schuhmacher,~~ der Schneider anfangen, wenn er für
die Menschen keine Schuhe, keine Hosen machte,
20 warum hat Gott ~~den Menschen~~ das Gefühl ~~der~~
~~Schaam~~haftigkeit ~~eingeflößt,~~ damit ~~der Schneider~~
~~leben~~ kann. ~~Ja! Ja!~~ Also! darum! auf daß! damit!
oder aber, wenn er es nicht gethan hätte, aber darin
sehen wir seine Weisheit, daß er die viehische
25 Schöpfung der menschlichen b+++foh+en hätte,
weil die Menschlichkeit sonst das Viehische aufgefressen hätte. Dießer Säugling, dießes schwache,
hülflose Geschöpf, jener Säugling, – ~~Laßt uns~~ jezt

---

16 Warum hat Gott die Menschen geschaffen?‖ *vgl. auch* H1,10 Was ist der
   Mensch? *und* H4,11 Warum ist der Mensch?

über das ~~Kreuz pissen, damit ein Jud~~ stirbt. *~~Brande-~~*
~~wein~~ das ist mein Leben, Brandwein giebt Cou-
rage.

⟨H 2,5⟩ ⇨ ⟨H 4,6⟩

⟨*SZENE NACHTRÄGLICH VERMUTLICH GESTRICHEN*⟩   5

Unterofficier. ~~Tambourmajor.~~

Unterofficier. Halt, jezt. Siehst du sie! Was ~~ein~~
~~Weibsbild~~.
~~Tambourmajor.~~ Teufel zum Fortpflanzen von
Kürassierregimentern und zur ~~Zucht von Tam-~~   10
~~bourmajors~~.
Unterofficier. Wie sie den Kopf trägt, man meint
das schwarze Haar müsse ihn abwärts ziehn, wie ein
Gewicht, und Augen, schwarz
Tambourmajor. Als ob man in einen Ziehbrun-   15
nen oder zu einem Schornstein hinunter guckt. Fort
hinter drein.
Louisel. Was Lichter,
Franz. Ja die Bou++, eine große schwarze Katze mit
feurigen Augen. Hey, was ein Abend.   20

1–3 Brandewein das ist mein Leben, Brandwein giebt Courage.]] *vgl. auch*
   H 1,10 Brantewein das ist mein Leben / Brantwein giebt Courage
   H 4,11 Meine Seele stinkt nach Brandewein, *und H 4,14* Brandewein
   das ist mein Leben / Brandwein giebt courage!

⟨*H 2,6*⟩ ⇨ ⟨*H 4,8*⟩

⟨*SZENE NACHTRÄGLICH GESTRICHEN*⟩

~~Woyzeck.~~ ~~Doctor.~~

~~Doctor.~~ Was erleb' ~~ich.~~ ~~Woyzeck? Ein Mann von~~
5 ~~Wort?~~ Er! er! er?
~~Woyzeck~~ ~~Was denn Herr Doctor.~~
~~Doctor.~~ ~~Ich~~ es ~~geschn hab! er~~ auf die ~~Straß gepißt~~
~~hat,~~ ~~wie ein Hund.~~ Geb' ich ihm dafür alle Tag 3
~~Groschen~~ und Kost? ~~Die Welt wird schlecht sehr~~
10 ~~schlecht,~~ schlecht, sag' ich, O! ~~Woyzeck das ist~~
~~schlecht.~~
~~Woyzeck.~~ ~~Aber Herr Doctor~~ wenn man nit anders
kann?
~~Doctor.~~ Nit anders kann, nit anders kann. Aber-
15 glaube, abscheulicher Aberglaube, hab' ich ~~nit~~
~~nachgewiesen, daß der musculus constrictor vesicae~~
~~dem Willen unterworfen ist, Woyzeck der Mensch~~
~~ist frei, im Menschen verklärt sich die Individualität~~
~~zur Freiheit~~ – seinen ~~Harn nicht halten können!~~ Es
20 ist Betrug Woyzeck. ~~Hat er schon seine Erbsen ge-~~
~~gessen,~~ ⌈~~nichts als Erbsen,~~⌉ nichts als Hülsen-   ⟨*H 3,1*⟩
früchte, cruciferae, merk' er sich's.
Die nächste Woche fangen wir dann mit Hammelfleisch an. ~~Muß er nicht~~ aufs secret? Mach ~~er.~~ Ich
25 sag's ihm. ~~Es giebt eine Revolution in der Wissen-~~
~~schaft.~~ Eine Revolution! Nach gestrigem Buche,
~~0,10~~ ~~Harnstoff,~~ ~~salzsaures Ammon~~ium, ~~H++sd+.~~

Aber ich hab's gesehen, daß er an die Wand pißte, ~~ich streckte grad~~ meinen Kopf ~~hinaus~~, zwischen meinen Valnessia und Myand+++. Hat er mir Frösch gefangen? Hat er Laich? Keinen Süßwasserpolypen, keine Hydra, Veretillen, Cristatellen? Stoß er mir nicht an's Mikroskop, ich hab eben den linken Backzahn von einem Infusionsthier darunter. ~~Ich sprenge sie in die Luft~~, alle miteinander. Woyzeck, keine Spinneneier, keine Kröten? ~~Aber an die Wand gepißt! Ich hab's gesehen, (tritt auf ihn los) Nein Woyzeck, ich ärgere mich nicht, ärgern ist ungesund, ist unwissenschaftlich. Ich bin ruhig, ganz ruhig und ich sag's ihm mit der grösten Kaltblütigkeit. Behüte wer wird sich über einen Menschen ärgern!~~ ~~einen Menschen.~~ ~~Wenn es noch ein Proteus wäre, der einem krepirt! Aber er hätte doch nicht an die Wand pissen sollen~~.

~~Woyzeck.~~ Ja die Natur, ~~Herr Doctor~~ wenn die ~~Natur~~ aus ist.

Doctor. Was ist das wenn die Natur aus ist?

Woyzeck. Wenn die Natur aus ist, das ist, wenn die Natur aus ist.

Wenn die Welt so finster wird, daß man mit den Händen an ihr herumtappen muß, daß man meint sie verrinnt wie Spinnweb'. Das ist, so wenn etwas ist und doch nicht ist. Wenn alles dunkel ist, und nur noch ein rother Schein im Westen, wie von einer Esse. Wenn ~~(schreitet im Zimmer auf und ab)~~

Doctor. Kerl er tastet mit seinen Füßen herum, wie mit Spinnenfüßen.

~~Woyzeck~~ (steht ganz gerade) ~~Haben Sie schon~~ die Ringe von ~~den Schwämmen~~ auf dem Boden

~~gesehen,~~ lange Linien, dann Kreise, ~~Figuren,~~ *da*
steckt's! da! Wer ~~das lesen könnte.~~
~~Wenn die Sonne im~~ hellen ~~Mittage steht~~ und ~~es ist~~
~~als müßte die Welt~~ auflodern. Hören sie nichts? wie
5 ++, wenn als die Welt spricht, sehen sie, die langen
Linien, und das ist als ob es einem mit ~~fürchterlicher~~
~~Stimme~~ ~~anredete.~~
~~Doctor.~~ ~~Woyzeck!~~ er kommt ins Narrenhaus, ~~er hat~~
~~eine~~ ~~schöne~~ ~~fixe Idee,~~ eine köstliche ~~alienatio men-~~
10 ~~tis,~~ seh' er mich an, was soll er thun, ~~Erbsen~~ essen,
dann Hammelfleisch essen, sein Gewehr putzen,
das weiß er ~~Alles~~ und da zwischen die fixen Ideen,
die Vermengung, das ist ~~brav~~ ~~Woyzeck,~~ ~~er~~ bekommt
ein Groschen ~~Zulage~~ die Woche, meine Theorie,
15 meine neue Theorie, kühn, ewig jugendlich. Woyzeck, ich werde unsterblich. ~~Zeig' er seinen Puls!~~ ich
muß ihm morgens und Abends den Puls fühlen.

⟨H2,7⟩ ⇨ ⟨H4,9⟩

Straße.

20 ~~Hauptmann. Doctor.~~

(Hauptmann keucht die Straße herunter, hält an,
keucht, sieht sich um)
~~Hauptmann.~~ Wohin so eilig geehrtester ~~Herr Sarg-~~
~~nagel?~~

1f. da steckt's! da!⟧ *vgl. auch H 1,10* Worin steckt's, im Dreck? *und H 4,8*
Da, da steckts.

~~Doctor.~~ Wohin so langsam ~~geehrtester~~ Herr ~~Exer-eirzagel~~.

Hauptmann   Nehmen Sie sich Zeit werthester Grabstein.

Doctor. Ich stehle meine Zeit nicht, wie sie werthe- 5 ster

—— ⟨*ARBEITSLÜCKE VON KNAPP EINER LEERZEILE*⟩

~~Hauptmann.~~ Laufen ~~Sie nicht so~~ Herr Doctor ~~ein guter Mensch~~ ~~geht nicht so schnell~~ Hähähä, ~~ein guter Mensch~~ (schnauft) ein guter Mensch, ~~sie hetzen sich ja hinter~~ dem ~~Tod~~ drein, sie ~~machen mir~~ 10 ganz ~~Angst~~.

Doctor. Pressirt, Herr Hauptmann, pressirt,

Hauptmann. Herr Sargnagel, sie schleifen sich ja so ihre kleinen Beine ganz auf dem Pflaster ab. Rei- 15 ten ~~Sie~~ doch ~~nicht~~ auf ~~ihrem Stock~~ ~~in die Luft.~~

Doctor. Sie ist in 4 Wochen todt, ein cancer aquaticus, im siebenten Monat, ich hab' schon 20 solche Patienten gehabt, in 4 Wochen richt sie sich danach

~~Hauptmann.~~ ~~Herr Doctor,~~ ~~erschrecken sie mich~~ 20 ~~nicht, es sind schon Leute am Schreck gestorben,~~ ~~am~~ puren ~~hellen Schreck,~~

~~Doctor.~~ In 4 ~~Wochen,~~ dummes Thier, sie ~~giebt ein~~ ~~interessantes~~ Präparat. Ich sag ihr, 4 ⟨*ARBEITSLÜCKE BIS ZEILENENDE*⟩

25

~~Hauptmann.~~ Daß dich das Wetter, ich halt sie beym Flügel ich lasse sie nicht.

~~Teufel,~~ 4 Wochen? Herr Doctor, ~~Sargnagel,~~ Todtenhemd, ich lebe so lang ich da bin 4 Wochen, und ~~die Leute~~ haben ~~Citronen in den Händen, aber sie wer-~~ 30

den sagen, er war ein guter Mensch, ein guter
Mensch.

Doctor. Ey guten Morgen Herr Hauptmann (den
Hut und Stock schwingend) Kikeriki! Freut mich!
5   Freut mich! (hält ihm den Hut hin) was ist das Herr
Hauptmann? das ist Hohlkopf. Hä?

Hauptmann. (macht eine Falte) Was ist das Herr
Doctor, das ist eine Einfalt! Hähähä! Aber nichts
für ungut. Ich bin ein guter Mensch – aber ich kann
10   auch wenn ich will Herr Doctor, hähähä, wenn ich
will. Ha ⌐Woyzeck, was hetzt er sich so an mir vor-   ⟨H 4,5⟩
bey.⌐ Bleib er doch Woyzeck, er laüft ja wie ein offnes ⌐**Rasirmesser** durch die Welt, man schneidet   ⟨H 1,10⟩
sich an ihm, er laüft als hätt er ein Regiment Ko-
15   sacken zu rasiren und würde gehenkt über dem
letzten Haar nach einer Viertelstunde – aber, über
die langen Bärte, was wollt ich doch sagen? Woyzeck – die langen Bärte

Doctor. Ein langer Bart unter dem Kinn, schon Pli-
20   nius spricht davon, man muß es den Soldaten abgewöhnen, die, die,

Hauptmann (fährt fort) Hä? über die langen
Bärte? Wie is Woyzeck hat er noch nicht ein Haar
aus einem **Bart** in seiner **Schüssel**⌐ gefunden? He er
25   versteht mich doch, ein Haar von einem Menschen,
vom Bart eines Sapeurs, eines Unterofficiers, eines –
eines Tambourmajors? He Woyzeck? Aber Er hat
eine brave Frau. Geht ihm nicht wie andern.

Woyzeck. Ja wohl! Was wollen Sie sagen Herr
30   Hauptmann?

Hauptmann. Was der Kerl ein Gesicht macht! er
st+kt +++++++st++++, in den Himmel nein, muß

⟨H4,5⟩ nun auch nicht in der Suppe, aber wenn er sich eilt
und um die Ecke geht, so kann er vielleicht noch auf
Paar Lippen eins finden, ein Paar Lippen, ⌜Woy-
zeck, ich habe wieder ~~die Liebe~~ gefühlt,⌝ Woyzeck.
Kerl er ist ja kreideweiß.   5

Woyzeck.   Herr Hauptmann, ich bin ein armer
Teufel, – und hab sonst nichts auf der Welt Herr
Hauptmann, wenn Sie Spaß machen –

Hauptmann. Spaß ich, daß dich Spaß, Kerl!

⟨H3,1⟩ Doctor. Den Puls Woyzeck, den ⌜~~Puls,~~ klein, hart,   10
~~hüpfend, ungleich.~~⌝

Woyzeck.   Herr Hauptmann, die Erd ist höllenheiß, mir eiskalt, eiskalt, die Hölle ist kalt, wollen
wir wetten.
Unmöglich. Mensch! Mensch! unmöglich.   15

Hauptmann Kerl, will er erschoßen werden, will
ein Paar Kugeln vor den Kopf haben? er ersticht
mich mit seinen Augen, und ich mein es gut mit
ihm, weil er ein guter Mensch ist Woyzeck, ein
guter Mensch.   20

Doctor. Gesichtsmuskeln starr, gespannt, zuweilen
hüpfend, Haltung aufgerichtet gespannt.

Woyzeck.   Ich geh! Es ist viel möglich. Der
Mensch! es ist viel möglich.
Wir haben schön Wetter Herr Hauptmann. Sehn sie   25
so einen schönen, festen grauen Himmel, man
könnte Lust bekommen, einen Kloben hineinzuschlagen und sich daran zu hängen, nur wegen des
Gedankenstrichels zwischen Ja, und nein, ja – und
nein, Herr Hauptmann ja und nein? Ist das nein am   30
ja oder das ja am nein Schuld. Ich will drüber nachdenken.

(geht mit breiten Schritten ab, erst langsam dann
immer schneller)

Doctor. (~~schießt~~ ihm nach⌉) Phänomen, Woyzeck,   ⟨H4,9⟩
Zulage.

5   Hauptmann. ⌈Mir wird ~~ganz schwindlich~~⌉ vor den   ⟨H4,5⟩
Menschen, wie schnell, der lange Schlegel greift aus,
es laüft der Schatten von einem Spinnenbein, und
der Kurze, das zuckelt. Der lange ist der Blitz und
der kleine der Donner. Hähä, hinterdrein. Das hab'
10 ich nicht gern! ⌈ein guter **Mensch** ist dankbar und   ⟨H1,10⟩
hat sein Leben lieb, ein guter **Mensch hat keine**
courage nicht! **ein Hundsfott hat courage!**⌉ Ich
bin blos in Krieg gangen um mich in meiner Liebe
zum Leben zu befestigen. Von der Angst zur ++++,
15 von da zum Krieg, von da zur courage, wie man zu
so Gedanken kommt, grotesk! grotesk!

⟨H2,8⟩ ⇨ ⟨H4,7⟩
      ⟨*SZENE TEILWEISE GESTRICHEN.*
       STREICHUNG BIS SZENENENDE
20   *MÖGLICHERWEISE INTENDIERT*⟩

           ~~Woyzeck~~, Louisel.

Louisel. Guten Tag Franz.
~~Franz~~ (~~sie~~ betrachtend)   Ah bist du's noch! Ey
wahrhaftig! nein man sieht ~~nichts, man müßt's~~ doch
25 ~~sehen!~~ Louisel ~~du bist schön!~~
Louisel~~.~~ ~~Was~~ siehst ~~du~~ so sonderbar ~~Franz~~, ich
fürcht mich.

Franz. Was n'e schöne Straße, man laüft sich Leich-
dörn, es ist gut auf der Gasse stehn, und in Gesellschaft auch gut.

Louisel. Gesellschaft?

~~Franz.~~ Es gehn ~~viel~~ Leut durch die Gasse, nicht   5
wahr und du kannst reden mit wem du willst, was
geht das mich an! ~~Hat er da gestanden?~~ da? da? Und
~~so~~ bey dir? ~~so?~~ Ich wollt ich wäre er gewesen.

Louisel. Ey Er? Ich kann die Leute die Straße nicht
verbieten und machen, daß sie ihr Maul nicht mit-   10
nehmen wenn sie durchgehn,

Franz. Und die Lippen nicht zu Haus lassen. Es wär
Schade sie sind so schön? Aber die Wespen setzen
sich gern drauf.

Louisel. Und was ne Wiesp hat dich gestochen, du   15
siehst so verrückt wie n'e Kuh, die die Hornissen jagen.

Franz. Mensch! (geht auf sie los)

⟨H4,6⟩ ⌐Louisel. ~~Rühr mich an~~ Franz!⌐ Ich hätt lieber ein
Messer in den Leib, als deine Hand auf meiner.   20
Mein Vater hat mich nicht angreifen gewagt, wie ich
10 Jahr alt war, wenn ich ihn ansah.

Woyzeck. Weib! – Nein es müßte was an dir seyn!
Jeder Mensch ist ein Abgrund, es schwindelt einem,
wenn man hinabsieht. Es wäre! Sie geht wie die Un-   25
schuld. Nein Unschuld du hast ein Zeichen an dir.
Weiß ich's? Weiß ich's? Wer weiß es?

⟨H 2,9⟩ ⇨ ⟨H 4,16⟩

       L o u i s e l , ~~(allein.)~~ G e b e t .

~~Und ist kein Betrug in seinem Munde erfunden.~~
~~Herr~~ Gott!

⁵   ⟨ZWEI DRITTEL DER SEITE UND DIE RESTLICHEN
   DREI SEITEN DES DOPPELBLATTS UNBESCHRIEBEN⟩

⟨*QUARTBLATT H3*⟩

⟨*H3,1*⟩

Der Hof des Professors.

Studenten unten, der Professor am Dachfenster.

Professor. Meine Herren, ich bin auf dem Dach, wie David, als er die Bathseba sah; aber ich sehe nichts als die culs de Paris der Mädchenpension im Garten trocknen. Meine Herren wir sind an der wichtigen Frage über das Verhältniß des Subjectes zum Object, wenn wir nur eines von den Dingen nehmen, worin sich die organische Selbstaffirmation des Göttlichen, auf einem der hohen Standpunkte manifestirt und ihre Verhältnisse zum Raum, zur Erde, zum Planetarischen untersuchen, meine Herren, wenn ich dieße Katze zum Fenster hinauswerfe, wie wird dieße Wesenheit sich zum centrum gravitationis und dem eigenen Instinct verhalten. He Woyzeck, (brüllt) Woyzeck!

Woyzeck. Herr Professor sie beißt.

Professor. Kerl, er greift die Bestie so zärtlich an, als wär's seine Großmutter.

Woyzeck Herr Doctor ich hab's Zittern.

Doctor. (ganz erfreut) Ey, Ey, schön Woyzeck. (reibt sich die Hände) (Er nimmt die Katze.) Was seh' ich meine Herren, die neue Species Hühnerlaus, eine schöne Spezies, wesentlich verschieden, enfoncé, der Herr Doctor (er zieht eine Loupe her-

aus) Ricinus, meine Herren – (die Katze läuft fort.)
Meine Herren, das Thier hat keinen wissenschaftlichen Instinct, Ricinus, herauf, die schönsten Exemplare, bringen sie ihre Pelzkragen. Meine Herren,
5 sie können dafür was anderes sehen, sehen sie der
Mensch, seit einem Vierteljahr ißt er ⌈**nichts als**   *(H 2,6)*
Erbsen,⌉ bemerkten sie die Wirkung, fühlen sie einmal was ein ⌈**ungleich**er **Puls,**⌉ da und die Augen.   *(H 2,7)*
Woyzeck.   Herr Doctor es wird mir dunkel. *(Er*
10 *setzt sich.)*
Doctor.   Courage Woyzeck noch ein Paar Tage,
und dann ist's fertig, fühlen sie meine Herrn fühlen
sie, (sie betasten ihm Schläfe, Puls und Busen)
à propos, Woyzeck, beweg den Herren doch einmal
15 die Ohren, ich hab es Ihnen schon zeigen wollen,
Zwei Muskeln sind bey ihm thätig. Allons frisch!
Woyzeck.   Ach Herr Doctor!
Doctor.   Bestie, soll ich dir die Ohren bewegen;
willst du's machen wie die Katze. So meine Herrn,
20 das sind so Uebergänge zum Esel, häufig auch in
Folge weiblicher Erziehung, und die Muttersprache, Wieviel Haare hat dir deine Mutter zum An-
denken schon ausgerissen aus Zärtlichkeit. Sie sind
dir ja ganz dünn geworden, seit ein Paar Tagen, ja
25 die Erbsen, meine Herren.

9f. (Er setzt sich.)⟧ *vgl. auch H 1,5* (er setzt sich zitternd nieder) *H 4,11*
sinkt zurück auf die Bank *und H 4,14* (sezt sich erschöpft zitternd auf
die Bank).

⟨*H 3,2*⟩

Der Idiot. Das Kind.
Woyzeck.

Karl (hält das Kind vor sich auf dem Schooß) Der is
  ins Wasser gefallen, der is ins Wasser gefallen, nein,   5
  der is in's Wasser gefallen.

Woyzeck. Bub, Christian,

Karl (Sieht ihn starr an) Der is in's Wasser gefallen,

Woyzeck. (will das Kind liebkosen, es wendet sich
  weg und schreit) Herrgott!   10

Karl Der is in's Wasser gefallen.

Woyzeck. Christianchen, du bekommst en Reuter,
  sa sa. (das Kind wehrt sich) (zu Karl) Da kauf dem
  Bub en Reuter,

Karl (sieht ihn starr an)   15

Woyzeck. Hop! hop! Roß.

Karl (jauchzend) Hop! hop! Roß! Roß (laüft mit
  dem Kind weg.)

⟨*QUARTHANDSCHRIFT H4*⟩

⟨*H4,1*⟩ ⟸ ⟨*H2,1*⟩

Freies Feld. Die Stadt in der Ferne.

5 **Woyzeck** und **Andres** schneiden Stöcke
im Gebüsch.

Woyzeck. Ja Andres; den Streif da über das Gras
hin, da rollt Abends der Kopf, es hob ihn einmal
einer auf, er meint es wär' ein Igel. Drei Tag und
drei Nächt *und er lag auf den Hobelspänen* (leise)
10 Andres, das waren die Freimaurer, ich hab's, die
Freimaurer, still!
Andres (singt)
        Saßen dort zwei Hasen
        ⌐Fraßen ab das grüne, grüne Gras   ⟨*H2,4*⟩
15 Woyzeck. Still! Es geht was!
Andres
        Fraßen ab das grüne, grüne Gras
        Bis auf den Rasen.⌐
Woyzeck. Es geht hinter mir, **unter** mir (stampft
20 auf den Boden) hohl, **hörst du?** Alles hohl da unten.
Die Freimaurer!
Andres. Ich fürcht mich.
Woyzeck. S'ist so kurios still. Man möcht den
Athem halten. Andres!
25 **Andres.** Was?

---

9 und er lag auf den Hobelspänen⟧ *vgl. auch H1,11* sich die Hobelspän
schütteln lassen. *und H4,17* wann der Schreiner die Hobelspän sammelt.

Woyzeck. Red was! (starrt in die Gegend.) Andres!
Wie hell! Ein Feuer fährt um den **Himmel** und ein
Getös her**unter** wie Posaunen. **Wie's herauf**zieht!
Fort. <u>**Sieh nicht hinter dich**</u> (<u>reißt ihn</u> in's Ge-
büsch)   5
Andres (nach einer Pause) **Woyzeck**! hör**st du's**
noch?
Woyzeck. *Still, Alles still*, als wär die Welt todt.
Andres. Hörst du? **Sie trommeln drin. Wir müs-**
sen fort.   10

⟨*H 4,2*⟩ ⇦ ⟨*H 2,2*⟩

Marie (<u>mit ihrem Kind **am Fenster**</u>)
Margreth.

Der Zapfenstreich geht vorbey,
der Tambourmajor voran.   15

Marie (das Kind wippend auf dem Arm.) **He Bub!**
Sa ra ra ra! Hörst? Da kommen sie
Margreth. Was **ein Mann, wie ein Baum**.
Marie. Er steht auf seinen Füßen wie ein Löw.
                   (Tambourmajor grüßt.)   20
Margreth. **Ey, was freundliche Auge, Frau Nach-**
barin, so was is man an ihr nit gewöhnt.
Marie. (singt)
                   Soldaten, das sind schöne **Bursch**

⟨*ARBEITSLÜCKE VON EIN BIS ZWEI LEERZEILEN*⟩   25

---

8 Still, Alles still,⟧ *vgl. auch H 1,19* Still. Alles still! *und H 2,1* Still, ganz still,

Margreth. Ihre Auge glänze ja noch.

Marie. [Was geht] Und wenn! Trag sie ihr Auge
zum Jud und laß sie sie putze, vielleicht glänze sie
noch, daß man sie für zwei Knöpf verkaufe könnt.

5 **Margreth.** Was Sie? Sie? Frau Jungfer, ich bin
eine honette Person, *aber sie, sie guckt 7 Paar le-*
derne Hose durch.

Marie. Luder! (schlägt das Fenster zu.) Komm
mein Bub. Was die Leut wollen. Bist doch nur en
10 arm Hurenkind und machst deiner Mutter Freud
mit deim unehrliche Gesicht. Sa! Sa! (singt.)

Mädel, was fangst du jezt an
Hast ein klein Kind und kein Mann
Ey was frag ich danach
15 Sing ich d[en]ie ganze Nacht
Heyo popeio mein Bu. Juchhe!
Giebt mir kein Mensch nix dazu.

Hansel spann deine sechs Schimmel an
Gieb ihn zu fresse auf's neu
20 Kein Haber fresse sie
Kein Wasser saufe sie
Lauter kühle Wein muß es seyn. Juchhe
Lauter kühle Wein muß es seyn.
(es klopft am Fenster)

25 **Marie.** Wer da? Bist du's Franz? Komm herein!

Woyzeck. Kann nit. Muß zum Verles.

Marie. Was hast du Franz?

6f. aber sie, sie guckt 7 Paar lederne Hose durch.] *vgl. auch H 1,2* (Das ist
ein Weibsbild guckt sieben Paar lederne Hosen durch) *und H 2,2* sie
guckt siebe Paar lederne Hose durch.

Woyzeck. (geheimnißvoll) Marie, **es war** wieder
was, **viel**, steht nicht geschrieben, und sieh da ging
ein Rauch vom Land, wie der Rauch vom Ofen?

Marie. Mann!

Woyzeck. Es ist **hinter** mir gegangen bis vor die   5
Stadt. Was soll das werden?

Marie. Franz!

Woyzeck. *Ich muß fort* (er geht.)

Marie. Der Mann! So vergeistert. **Er hat** sein Kind
nicht angesehn. Er **schnappt noch über** mit den   10
Gedanken. Was bist so still, Bub? Furchst' Dich? **Es
wird** so dunkel, man meint, man wär **blind. Sonst
scheint** doch **als die Latern herein.** [Ich muß fort]
Ich halt's nicht aus. Es schauert mich. **(geht ab)**

⟨H 4,3⟩   15

Buden. Lichter. Volk.

⟨*ARBEITSLÜCKE VON EINEINHALB LEERSEITEN*⟩

---

8 Ich muß fort] *vgl. auch H 1,4* Ich muß fort, *H 2,2* Ich muß fort! *H 4,4*
  Ich muß fort. *und H 4,10* Ich muß fort.
16 Buden. Lichter. Volk.] *vgl. auch H 1,1* Buden. Volk. Marktschreier vor einer Bude. *und H 2,3* Oeffentlicher Platz.
  Buden. Lichter.

⟨H 4,4⟩

Marie sitzt,
ihr Kind auf dem Schooß,
ein Stückchen Spiegel in der Hand.

5 Marie (bespiegelt sich) Was die Steine glänzen! Was
    sind's für? Was hat er gesagt? – Schlaf Bub! Drück
    die Auge zu, fest, (das Kind versteckt die Augen
    hinter den Händen) noch fester, bleib so, still oder
    er holt dich (singt)

10   Mädel mach's Ladel zu
             S' kommt e Zigeunerbu
             Führt dich an deiner Hand
             Fort in's Zigeunerland.
    (spiegelt sich wieder) S'ist gewiß Gold! Unsereins
15 hat nur ein Eckchen in der Welt und ein Stückchen
    Spiegel und doch hab' ich einen so rothen Mund als
    die großen Madamen mit ihren Spiegeln von oben
    bis unten und ihren schönen Herrn, die ihnen die
    Händ' küssen; ich bin nur ein arm Weibsbild. – (das
20 Kind richtet sich auf) Still Bub, die Auge zu, das
    Schlafengelchen! wie's an der Wand läuft (sie blinkt
    mit dem Glas) die Auge zu, oder es sieht dir hinein,
    daß du blind wirst.
             (Woyzeck tritt herein, hinter sie.
25 Sie fährt auf mit den Händen nach den Ohren)
    Woyzeck. Was hast du?
    Marie. Nix.
    Woyzeck. Unter deinen Fingern glänzt's ja.
    Marie. Ein Ohrringlein; hab's gefunden.
30 Woyzeck. Ich hab' so noch nix gefunden, Zwei auf
    einmal.

Marie. Bin ich ein Mensch?

Woyzeck. S'ist gut, Marie. – Was der Bub schläft.
Greif' ihm unter's Aermchen, der Stuhl drückt ihn.
Die hellen Tropfen steh'n ihm auf der Stirn; Alles
Arbeit unter der Sonn, sogar Schweiß im Schlaf.   5
⌐*Wir arme Leut!*⌐ Das is wieder Geld Marie, die
Löhnung und was von mein'm Hauptmann.

⟨H2,2⟩

Marie. Gott vergelt's Franz.

Woyzeck. *Ich muß fort.* Heut Abend, Marie.
Adies.   10

Marie (allein nach einer Pause)   ich bin doch ein
schlecht Mensch. Ich könnt' mich erstechen. – Ach!
Was Welt? Geht doch Alles zum Teufel, Mann und
Weib.

⟨H4,5⟩   15

Der Hauptmann. Woyzeck.

Hauptmann auf einem Stuhl,
Woyzeck rasirt ihn.

Hauptmann.   Langsam, Woyzeck, langsam; ein's
nach dem andern; ⌐Er macht **mir ganz schwindlich**. 20
Was soll ich dann mit den zehn Minuten anfangen,
die er heut zu früh fertig wird? Woyzeck, bedenk'
er, er hat noch seine schöne dreißig Jahr zu leben,
dreißig Jahr! macht 360 Monate, und Tage, Stunden,

⟨H2,7⟩

---

6 Wir arme Leut!⟧ *vgl. auch* H2,2 Ach wir armen Leute. *und* H4,5 Wir
  arme Leut.
9 Ich muß fort.⟧ *vgl. auch* H1,4 Ich muß fort, H2,2 Ich muß fort! H4,2 Ich
  muß fort *und* H4,10 Ich muß fort.

Minuten! Was will er denn mit der ungeheuren Zeit
all anfangen? Theil er sich ein, Woyzeck.

Woyzeck. Ja wohl, Herr Hauptmann.

Hauptmann. Es wird mir ganz angst um die Welt,
5   wenn ich an die Ewigkeit denke. Beschäftigung,
Woyzeck, Beschäftigung! ewig das ist ewig, das ist
ewig, das siehst du ein; nun ist es aber wieder nicht
ewig und das ist ein Augenblick, ja, ein Augenblick
– Woyzeck, es schaudert mich, wenn ich denk, daß
10 sich die Welt in einem Tag herumdreht, was eine
Zeitverschwendung, wo soll das hinaus? Woyzeck,
ich kann kein Mühlrad mehr sehn, oder ich werd'
melancholisch.

Woyzeck. Ja wohl, Herr Hauptmann.

15 Hauptmann. **Woyzeck,** er sieht immer so ver**hetzt**
aus,⌐ Ein guter Mensch thut das nicht, ein guter
Mensch, der sein gutes Gewissen hat. – Red' er doch
was Woyzeck. Was ist heut für Wetter?

Woyzeck.   Schlimm, Herr Hauptmann, schlimm;
20 Wind.

Hauptmann.   Ich spür's schon, s'ist so was Ge-
schwindes draußen; so ein Wind macht mir den Effect wie eine Maus. (pfiffig) Ich glaub' wir haben so
was aus Süd-Nord.

25 Woyzeck. Ja wohl, Herr Hauptmann.

Hauptmann. Ha! ha! ha! Süd-Nord! Ha! Ha! Ha!
O er ist dumm, ganz abscheulich dumm. (gerührt)
Woyzeck, er ist ein guter Mensch, ein guter Mensch
– aber ⌐**(mit Würde)** Woyzeck, er hat keine Moral!   *(H1,10)*
30 Moral das ist wenn man moralisch ist, versteht er. Es
ist ein gutes Wort. Er hat ein Kind, ohne den Segen
der Kirche, wie unser hochehrwürdiger Herr Gar-

nisonsprediger sagt, ohne den Segen der Kirche, es
ist nicht von mir.

Woyzeck.   Herr Hauptmann, der liebe Gott wird
den armen Wurm nicht drum ansehn, ob das Amen
drüber gesagt ist, eh' er gemacht wurde. Der Herr
sprach: lasset die Kindlein zu mir kommen.

Hauptmann.   Was sagt er da? Was ist das für n'e
kuriose Antwort? Er macht mich ganz confus mit
seiner Antwort. Wenn ich sag: e r, so **mein ich ihn**,
ihn,⌐

Woyzeck.   *Wir arme Leut.* Sehn sie, Herr Hauptmann, Geld, Geld. Wer kein Geld hat. Da setz einmal einer mein'sgleichen auf die Moral in der Welt.
Man hat auch sein Fleisch und Blut. Unsereins ist
doch einmal unseelig in der und der andern Welt,
ich glaub' wenn wir in Himmel kämen, so müßten
wir donnern helfen.

Hauptmann.   Woyzeck er hat keine Tugend, er ist
kein tugendhafter Mensch. Fleisch und Blut? Wenn
ich am Fenster lieg, wenn es geregnet hat und den
weißen Strümpfen so nachsehe, wie sie über die
⟨H2,7⟩   Gassen springen, – verdammt ⌐**Woyzeck,** – da
kommt mir **die Liebe**.⌐ Ich hab auch Fleisch und
Blut. Aber Woyzeck, die Tugend, die Tugend! Wie
sollte ich dann die Zeit herumbringen? ich sag' mir
immer du bist ein tugendhafter Mensch, (gerührt)
ein guter Mensch, ein guter Mensch.

Woyzeck.   Ja Herr Hauptmann, die Tugend! ich
hab's noch nicht so aus. Sehn Sie wir gemeinen Leut,

---

11 Wir arme Leut.]] *vgl. auch H2,2* Ach wir armen Leute. *und H4,4* Wir
arme Leut!

das hat keine Tugend, es kommt einem nur so die
Natur, aber wenn ich ein Herr wär und hätt ein Hut
und ⌜**eine Uhr**⌝ und eine anglaise und könnt vor-   ⟨H1,2⟩
nehm reden, ich wollt schon tugendhaft seyn. Es
5 muß was Schöns seyn um die Tugend, Herr Hauptmann. Aber ich bin ein armer Kerl.

Hauptmann.   Gut Woyzeck. Du bist ein guter
Mensch, ein guter Mensch. Aber du denkst zuviel,
das zehrt, du siehst immer so verhetzt aus. Der Dis-
10 kurs hat mich ganz angegriffen. Geh' jezt und renn
nicht so; langsam hübsch langsam die Straße hinunter.

⟨*EIN DRITTEL DER SEITE UNBESCHRIEBEN*⟩

⟨*H 4,6*⟩ ⇐ ⟨*H 2,5*⟩

15   Marie. **Tambour-Major.**

Tambour-Major. Marie!
Marie, (ihn ansehend, mit Ausdruck.) Geh' einmal
vor dich hin. – Ueber die Brust wie ein Stier und ein
Bart wie ein Löw .. So ist keiner .. Ich bin stolz vor
20 allen Weibern.
Tambour-Major.   Wenn ich am Sonntag erst den
großen Federbusch hab' und die weißen Hand-
schuh, Donnerwetter, Marie, der Prinz sagt immer:
Mensch, er ist ein Kerl.
25 Marie, (spöttisch)   Ach was! (tritt vor ihn hin.)
Mann!
Tambour-Major.   Und du bist auch **ein Weibs-**

bild, Sapperment, wir wollen eine **Zucht von Tambour-Major's** anlegen. He? (er umfaßt sie)

M a r i e. (verstimmt) Laß mich!

T a m b o u r m a j o r. Wild Thier.

⟨H 2,8⟩ ⌐M a r i e. (heftig) **Rühr mich an!**⌐   5

T a m b o u r m a j o r. Sieht dir der Teufel aus den Augen?

M a r i e. Meinetwegen. Es ist Alles eins.

⟨*EIN DRITTEL DER SEITE UNBESCHRIEBEN*⟩

⟨*H 4,7*⟩ ⇐ ⟨*H 2,8*⟩   10

M a r i e. **Woyzeck**.

F r a n z. (sieht **sie** starr an, schüttelt den Kopf.) Hm!
Ich seh nichts, ich seh **nichts**. O, **man müßt's sehen**, man müßt's greifen können mit Fäusten.

M a r i e. (verschüchtert) **Was** hast **du Franz**? Du bist   15
hirnwüthig Franz.

F r a n z. Eine Sünde so dick und so breit. (Es stinkt
daß man die Engelchen zum Himmel hinaus räuchern könnt.) Du hast einen rothen Mund, Marie.
Keine Blasen drauf? Adieu, Marie, **du bist schön**   20
wie die Sünde – Kann die Todsünde so schön seyn?

M a r i e. Franz, du red'st im Fieber.

F r a n z. Teufel! – Hat er da gestanden, so, so?

M a r i e Dieweil der Tag lang und die Welt alt ist, können **viel** Menschen an einem Platz stehen, einer   25
nach dem andern.

Woyzeck. Ich hab ihn gesehn.

Marie. Man kann viel sehn, wenn man 2 Augen hat
und man nicht blind ist und die Sonn scheint.

Woyzeck. Mi++ s+++ A++

5 Marie. (keck) Und wenn auch.

⟨*EIN FÜNFTEL DER SEITE UNBESCHRIEBEN*⟩

⟨*H 4,8*⟩ ⇐ ⟨*H 2,6*⟩

Woyzeck. Der Doctor.

Doctor. Was erleb' ich Woyzeck? Ein Mann von
10 Wort.

Woyzeck. Was denn Herr Doctor?

Doctor. Ich hab's gesehn Woyzeck; er hat auf die
Straß gepißt, an die Wand gepißt wie ein Hund.
Und doch 2 Groschen täglich. Woyzeck das ist
15 schlecht, die Welt wird schlecht, sehr schlecht.

Woyzeck. Aber Herr Doctor, wenn einem die Natur kommt.

Doctor. Die Natur kommt, die Natur kommt! Die
Natur! Hab' ich nicht nachgewiesen, daß der mus-
20 culus constrictor vesicae dem Willen unterworfen ist? Die Natur! Woyzeck, der Mensch ist frei,
in dem Menschen verklärt sich die Individualität
zur Freiheit. Den Harn nicht halten können!
(schüttelt den Kopf, legt die Hände auf den Rücken
25 und geht auf und ab) Hat er schon seine Erbsen gegessen, Woyzeck? – Es giebt eine Revolution in

der Wissenschaft, ich **sprenge sie in die Luft**.
Harnstoff, 0,10, salzsaures Ammonium, Hyper-
oxy**dul**.
Woyzeck muß er nicht wieder **pissen?** geh' **er** einmal hinein und probir er's.   5

Woyzeck. Ich kann nit Herr Doctor.

Doctor (mit Affect) **Aber auf die Wand p**issen! Ich
hab's schriftlich, den Akkord in der Hand. **Ich
hab's gesehn,** mit dießen Augen gesehn, **ich
streckte grade** die Nase zum Fenster **hinaus** und   10
ließ die Sonnenstrahlen hinein fallen, um das Niesen
zu beobachten, **(tritt auf ihn los) Nein Woyzeck,
ich ärgere mich nicht,** Aerger **ist ungesund, ist
unwissenschaftlich. Ich bin ruhig ganz ruhig,**
mein Puls hat seine gewöhnlichen 60 **und ich sag's**   15
**ihm mit der grösten Kaltblütigkeit! Behüte wer
wird sich über einen Menschen ärgern, einen
Menschen! Wenn es noch ein p**roteus **wäre, der einem k**repirt! **Aber er hätte doch nicht an die
Wand pissen sollen –**   20

Woyzeck. Sehn sie **Herr Doctor,** manchmal hat
man so n'en Character, so n'e Structur. – Aber mit
der **Natur** ist's was andres, sehn sie mit der Natur
(er kracht mit den Fingern) das ist so was, wie soll
ich doch sagen, zum Beispiel   25

Doctor. Woyzeck, er philosophirt wieder.

Woyzeck, (vertraulich.) Herr Doctor haben sie
schon was von der doppelten Natur gesehn? **Wenn
die Sonn im Mittag steht u**nd **es ist als** ging **die
Welt** im Feuer auf hat schon eine **fürchterliche**   30
Stimme zu mir ge**redet!**

Doctor. Woyzeck, er hat eine aberratio.

Woyzeck, (legt den Finger an die Nase)   Die
Schwämme Herr Doctor. *Da, da steckts*. **Haben
sie schon gesehn** in was für **Figuren die
Schwämme** auf dem Boden wachsen? **Wer das le-**
5   **sen könnt.**
Doctor. **Woyzeck er hat** die **schönste aberratio
mentalis** partialis, die zweite Species, sehr schön
ausgeprägt, Woyzeck er kriegt Zulage. Zweite species, **fixe Idee,** mit allgemein vernünftigem Zustand,
10   er thut noch **Alles** wie sonst, rasirt seinen Hauptmann.
Woyzeck. Ja, wohl.
Doctor. Ißt seine **Erbsen**?
Woyzeck.   Immer ordentlich Herr Doctor. Das
15   Geld für die menage kriegt die Frau.
Doctor. Thut seinen Dienst,
Woyzeck. Ja wohl.
Doctor. Er ist ein interessanter casus, Subject **Woyzeck er** kriegt **Zulage**. Halt er sich **brav**. **Zeig er**
20   **seinen Puls!** Ja.

⟨*EIN DRITTEL DER SEITE UNBESCHRIEBEN*⟩

⟨*H 4,9*⟩ ⇐ ⟨*H 2,7*⟩

Hauptmann. Doctor.

Hauptmann.   Herr Doctor, die Pferde **machen
25   mir** ganz **Angst,** wenn ich denke, daß die armen Be-

---

2 Da, da steckts.〛 *vgl. auch H 1,10* Worin steckt's, im Dreck? *und H 2,6* da
steckt's! da!

stien zu Fuß gehn müssen. Rennen Sie nicht so. Rudern Sie mit ihrem Stock nicht so in der Luft. Sie
hetzen sich ja hinter dem Tod drein. Ein guter
Mensch, der sein gutes Gewissen hat, geht nicht so
schnell. Ein guter Mensch. (Er erwischt den Doc-   5
tor am Rock) Herr Doctor erlauben sie, daß ich ein
Menschenleben rette, sie schießen Herr Doctor, ich
bin so schwermüthig ich habe so was schwärmerisches, ich muß immer weinen, wenn ich meinen
Rock an der Wand hängen sehe, da hängt er.   10

Doctor: Hm, aufgedunsen, fett, dicker Hals, apo-
plectische Constitution. Ja Herr Hauptmann sie
können eine apoplexia cerebralis kriechen, sie können sie aber vielleicht auch nur auf der einen Seite
bekommen, und dann auf der einen gelähmt seyn,   15
oder aber sie können im besten Fall geistig gelähmt
werden und nur fort vegetiren, das sind so ohngefähr ihre Aussichten auf die nächsten 4 Wochen.
Übrigens kann ich sie versichern, daß sie einen von
den interessanten Fällen abgeben und wenn Gott   20
will, daß ihre Zunge zum Theil gelähmt wird, so
machen wir die unsterblichsten Experimente.

Hauptmann. Herr Doctor erschrecken Sie mich
nicht, es sind schon Leute am Schreck gestorben,
am bloßen hellen Schreck. – Ich sehe schon die   25
Leute mit den Citronen in den Händen, aber sie
werden sagen, er war ein guter Mensch, ein guter
Mensch – Teufel Sargnagel.

Doctor. (hält ihm den Hut hin) Was ist das Herr
Hauptmann? das ist Hohlkopf!   30

Hauptmann (macht eine Falte) Was ist das Herr
Doctor, das ist Einfalt.

Doctor. Ich empfehle mich, **geehrtester Herr Exercirzagel**
Hauptmann Gleichfalls, bester **Herr Sargnagel**.

⟨*VERMUTLICH ARBEITSLÜCKE; DREI VIERTEL DER*
⟨5⟩   *SEITE UNBESCHRIEBEN*⟩

⟨H 4,10⟩ ⇐ ⟨H 1,4⟩

Die Wachtstube.

Woyzeck. **Andres.**

Andres. (singt)
       Frau Wirthin hat n'e brave Magd
       Sie sitzt im Garten Tag und Nacht
       Sie sitzt in ihrem Garten ...
Woyzeck. Andres!
Andres Nu?
15 Woyzeck. **Schön Wetter.**
Andres.   Sonntagsonnwetter, und Musik vor der
    Stadt. Vorhin sind die Weibsbilder hin, die Men-
    scher dämpfen, ⌜**das geht.**⌝   ⟨H 1,5⟩
Woyzeck. (unruhig) Tanz, Andres, **sie tanzen**
20 Andres   Im Rössel und im Sternen.
Woyzeck. Tanz, Tanz.
Andres.   Meinetwegen.
       Sie sitzt in ihrem Garten
       bis daß das Glöcklein zwölfe schlägt
25   *Und paßt auf die Solda – aten.*

---

10 Frau Wirthin hat n'e brave Magd⟧ *das Lied findet sich auch in* H 1,4 *und*
H 1,17.

Woyzeck. *Andres, ich hab keine Ruh.*
Andres. **Narr!**
Woyzeck. Ich muß h**inaus**. Es dreht sich mir vor
   den Augen. Was sie heiße Händ haben. Verdammt
   Andres!
Andres. **Was willst du?**
Woyzeck. *Ich muß fort.*
Andres. Mit dem **Mensch.**
Woyzeck. **Ich muß** hinaus, s'ist so heiß da hie.

⟨H4,11⟩

⟨H1,5⟩   ⌜**Wirthshaus.**⌝

              Die Fenster offen, Tanz.
⟨H2,4⟩   **Bänke vor dem Haus.**⌝ ⌜**Burschen.**

1.) Handwerksbursch.
    Ich hab ein Hemdlein an
    das ist nicht mein
    Meine Seele stinkt nach **Brandewein**, –
2. Handwerksbursch. **Bruder**, soll ich dir aus
   Freundschaft ein Loch in die Natur machen? Ver-

---

1 Woyzeck. Andres, ich hab keine Ruh.⟧ *vgl. auch H1,4* L o u i s . Ha
  Andres, ich hab keine Ruh! *H1,7* L o u i s   Ich habe keine Ruh, *und*
  H1,13 L o u i s   Ich habe keine Ruhe!
7 Ich muß fort.⟧ *vgl. auch H1,4* Ich muß fort, *H2,2* Ich muß fort! *H4,2*
  Ich muß fort *und H4,4* Ich muß fort.
17 Meine Seele stinkt nach Brandewein,⟧ *vgl. auch H1,10* Brantewein das
  ist mein Leben / Brantwein giebt Courage *H2,4* Brandewein das ist
  mein Leben, Brandwein giebt Courage. *und H4,14* Brandewein das ist
  mein Leben / Brandwein giebt courage!

dammt. Ich will ein Loch in die Natur machen. Ich
bin auch ein Kerl, du weißt, ich will ihm alle Flöh
am Leib todt schlagen.

1. Handwerksbursch. *Meine Seele, meine Seele*
stinkt nach Brandewein. – Selbst das Geld geht in
Verwesung über. **Vergißmeinnicht.** *Wie ist dieße*
Welt so schön. Bruder, ich [könnt] muß **ein Regen-**
faß voll greinen. ⌐Ich wollt unsre Nasen wären   (H1,10)
zwei Bouteillen und wir könnten sie uns einander
in den Hals gießen.⌐

Die anderen im Chor:
      Ein Jäger aus der Pfalz,
      ritt einst durch einen grünen Wald,
      Halli, halloh, gar lustig ist die Jägerei
      Allhier auf grüner Heid
      Das Jagen ist mei Freud.
     ⌐(Woyzeck stellt sich **an's Fenster.** Marie und   (H1,5)
        der Tambourmajor tanzen vorbey,
        ohne ihn zu bemerken)

Marie, (im Vorbeytanzen: **immer, zu, immer zu**)
Woyzeck. (erstickt) Immer zu. – immer zu. (fährt
heftig auf und *sinkt zurück auf die Bank*) immer zu immer zu, (schlägt die Hände in einander)
dreht Euch, **wälzt Euch.** Warum bläst Gott nicht
die Sonn aus, daß Alles in Unzucht sich
übereinanderwälzt, Mann und Weib, Mensch und

4f. Meine Seele, meine Seele stinkt nach Brandewein.] *vgl. die Fußnote zu*
    Seite 98, Zeile 17 in H4,11.
6f. Wie ist dieße Welt so schön.] *vgl. auch H1,10* Ach was die Welt schön
    ist! *und H2,4* Warum ist dieße Welt so schön?
22 sinkt zurück auf die Bank] *vgl. H1,5* (er setzt sich zitternd nieder) *H3,1*
    (Er setzt sich). *und H4,14* (sezt sich erschöpft zitternd auf die Bank).

Vieh.⌐ Thut's am hellen Tag, thut's einem auf den
Händen, wie die Mücken. – Weib. –

⟨*MÖGLICHERWEISE ARBEITSNOTIZ, VERMUTLICH IN
ARBEITSLÜCKE VON DREI BIS VIER ZEILEN NACHGE-
TRAGEN UND DURCH DREI DOPPELTE MARKIE-* 5
RUNGSSTRICHE AM ANFANG UND ENDE BESONDERS

⟨H 1,17⟩   *HERVORGEHOBEN:*⟩ ⌐Das Weib ist heiß, heiß!⌐ –
Immer zu, immer zu, (fährt auf) der Kerl! Wie er an
ihr herumtappt, an ihrem Leib, er er hat sie a++

⟨*VERMUTLICH NICHT TEXTZUGEHÖRIG, SONDERN,* 10
NACH TEXTABBRUCH, ALS VERWEISENDE ARBEITS-
NOTIZ:⟩ —— zu Anfang

1.) Handwerksbursch (predigt auf dem Tisch)
Jedoch wenn ein Wandrer, der gelehnt steht an den
Strom der Zeit oder aber sich die göttliche Weisheit 15
beantwortet und sich anredet:

⟨H 2,4⟩   ⌐**Warum ist der Mensch?** Warum ist der Mensch? –
Aber wahrlich ich sage Euch, von **was** hätte **der
Landmann,** der Weißbinder, **der Schuster,** der Arzt
leben sollen, wenn **Gott** d**e**n **Menschen** nicht **ge-** 20
schaffen hätte**?** Von was hätte **der Schneider leben**
sollen, wenn er **dem Menschen** nicht die Empfindung **der Schaam einge**pflanzt, von was der Soldat,
wenn er ihn nicht mit dem Bedürfniß sich todtzuschlagen ausgerüstet hätte? Darum zweifelt nicht, **ja** 25
ja, es ist lieblich und fein, aber Alles Irdische ist eitel, selbst das Geld geht in Verwesung über. – Zum

---

7 Das Weib ist heiß, heiß!]] *vgl. auch H 1,15* Margreth, und doch bist du
warm. *und H 1,17* Käthe du bist heiß!

17 Warum ist der Mensch?]] *vgl. auch H 1,10* Was ist der Mensch? Knochen! Staub, Sand, Dreck. *und H 2,4* Warum hat Gott die Menschen
geschaffen?

Beschluß, meine geliebten Zuhörer **laßt uns** noch
über's Kreuz pissen, damit ein Jud stirbt.⌐

⟨*H 4,12*⟩ ⇐ ⟨*H1,6*⟩

Freies Feld.

5   Woyzeck.

Immer zu! immer zu! Still Musik. – (reckt **sich gegen den Boden**) He was, **was sagt ihr? Lauter, lauter**, *stich, stich die Zickwolfin todt? stich, stich die
Zickwolfin todt.* Soll ich? Muß ich? Hör ich's da
10   noch, sagt's der Wind auch? Hör ich's **immer, immer zu**, stich todt, todt.

⟨*H 4,13*⟩ ⇐ ⟨*H1,13*⟩

Nacht.

Andres und Woyzeck in einem Bett.

15 Woyzeck (schüttelt Andres) *Andres! Andres! ich*   ⟨*H1,7*⟩
     kann nit schlafen, ⌐**wenn ich die Augen zumach,
     dreh't sich's immer und ich hör die Geigen, immer**

8f. stich, stich die Zickwolfin todt? stich, stich die Zickwolfin todt.⟧
     vgl. auch H1,6 Stich, Stich, Stich die Woyzecke todt, Stich, stich die
     Woyzecke todt. *H 1,13* Immer zu. Stich! stich die Woyzecke todt. *und*
     H 4,13 Es [redet immer, stich! stich,]
15f. Andres! Andres! ich kann nit schlafen,⟧ *vgl. auch H1,4* L o u i s. Ha
     Andres, ich hab keine Ruh! *H1,7* L o u i s Ich hab keine Ruh, *H1,13*
     L o u i s Ich habe keine Ruhe! *und H4,10* W o y z e c k. Andres, ich
     hab keine Ruh.

zu, immer zu und dann⌉ sprichts' aus **der Wand, hörst du nix?**

A n d r e s. Ja, – laß sie tanzen! Gott behüt uns, Amen, (schläft wieder ein)

⟨H1,7⟩ W o y z e c k. Es [*redet immer, stich! stich,*] ⌈*zieht mir zwischen den Augen wie ein Messer.*⌉

A n d r e s. **Du mußt Schnaps trinken und Pulver drein, das schneidt das Fieber.**

⟨H 4,14⟩

⟨H1,10⟩   ⌈**W i r t h s h a u s.**   1

T a m b o u r - M a j o r. W o y z e c k. L e u t e.

T a m b o u r - M a j o r. Ich bin ein Mann! (schlägt sich auf die Brust) ein Mann sag' ich.

Wer will was? Wer kein besoffner Herrgott ist der laß sich von mir. Ich will ihm die Nas ins Arschloch   1 prügeln. Ich will – (zu Woyzeck) da Kerl, sauf, der Mann muß saufen, ich wollt die Welt wär Schnaps, Schnaps

---

5 Es [redet immer, stich! stich,]] *vgl. auch H 1,6* Stich, Stich, Stich die
   Woyzecke todt, Stich, stich die Woyzecke todt. *H 1,13* Immer zu. Stich,
   stich die Woyzecke todt. *und H 4,12* stich, stich die Zickwolfin todt?
   stich, stich die Zickwolfin todt.

5 f. zieht mir zwischen den Augen wie ein Messer.]] *vgl. H 1,7* Und das
   Messer ist mir immer zwischen den Augen. *und H 1,11* Es zieht mir
   immer so zwischen den Augen herum.

7 f. A n d r e s. Du mußt Schnaps trinken und Pulver drein, das schneidt
   das Fieber.]] *vgl. H 1,13* A n d r e s. Leg dich Louis du mußt ins Lazareth. Du mußt Schnaps trinken und Pulver drin, das schneidt das Fieber. *und H 4,17* A n d r e s. Franz, du kommst in's Lazareth. A++++ du
   mußt Schnaps trinken und Pulver drein das tödt das Fieber.

Woyzeck pfeift.

Tambour Major   Kerl, soll ich dir die Zung aus
   dem Hals ziehn und sie um den Leib herum-
   wickeln? (sie ringen, Woyzeck verliert) soll ich dir
5 noch soviel Athem lassen als ein Altweiberfurz, soll
   ich?

Woyzeck   *(sezt sich erschöpft zitternd auf die
   Bank).*

Tambourmajor.   Der Kerl soll dunkelblau pfei-
10 fen.

Ha.   ***Brandewein das ist mein Leben***
           Brandwein giebt courage!⌐

Einer.   Der hat sein Fett.

Anderer.   Er blut.

15 Woyzeck.   Eins nach dem andern.

⟨H 4,15⟩

Woyzeck. Der Jude.

Woyzeck.   Das Pistolchen ist zu theuer.

Jud.   Nu, kaufts oder kaufts nit, was is?

20 Woyzeck.   Was kost das Messer?

Jud.   S'ist ganz, grad. Wollt Ihr Euch den Hals mit
   abschneiden, nu, was is es? Ich gäb's Euch so wohl-

7f. (sezt sich erschöpft zitternd auf die Bank).⟧ *vgl. auch H 1,5* (er setzt
    sich zitternd nieder) *H 3,1* (Er setzt sich.) *und H 4,11* sinkt zurück auf
    die Bank

11f. Brandewein das ist mein Leben / Brandwein giebt courage!⟧ *vgl.*
    H 1,10 Brantewein das ist mein Leben / Brantwein giebt Courage
    H 2,4 Brandewein das ist mein Leben, Brandwein giebt Courage. *und*
    H 4,11 Meine Seele stinkt nach Brandewein,

feil wie einem andern, Ihr sollt Euern Tod wohlfeil
haben, aber doch nicht umsonst. Was is es? Er soll
einen ökonomischen Tod haben.
W o y z e c k   Das kann mehr als Brod schneiden.
J u d.   Zwei Groschen.   5
W o y z e c k.   Da! (geht ab)
J u d.   Da! Als ob's nichts wär. Und es is doch Geld.
Der Hund.

—— ⟨*VIELLEICHT ARBEITSLÜCKE; EIN DRITTEL DER*
SEITE UNBESCHRIEBEN⟩   10

⟨*H 4,16*⟩ ⇐ ⟨*H 2,9*⟩

Marie. Das Kind.
Der Narr.

M a r i e   (**allein**, blättert in der Bibel**.**) **Und ist kein**
Betrug in seinem Munde erfunden. Herrgott.   15
Herrgott! Sieh mich nicht an. (blättert weiter:) aber
die Pharisäer brachten ein Weib zu ihm, im Ehebruche begriffen und stelleten sie in's Mittel dar. – Jesus
aber sprach: so verdamme ich dich auch nicht. Geh
hin und sündige hinfort nicht mehr. (schlägt die   20
Hände zusammen). Herrgott! Herrgott! Ich kann
nicht. Herrgott gieb mir nur soviel, daß ich beten
kann. (das Kind drängt sich an sie) Das Kind giebt
mir einen Stich in's Herz. Fort! Das brüht sich in
der Sonne!   25
N a r r   (liegt und erzählt sich Mährchen an den Fin-
gern)   Der hat die goldne Kron, der Herr König.
Morgen hol' ich der Frau Königin ihr Kind. Blut-

wurst sagt: komm Leberwurst (er nimmt das Kind
und wird still)

Marie.   Der Franz ist nit gekommen, gestern nit,
heut nit, es wird heiß hie. (sie macht das Fenster
auf.) Und trat hinein zu seinen Füßen und weynete
und fing an seine Füße zu netzen mit Thränen und
mit den Haaren ihres Hauptes zu trocknen und
küssete seine Füße und salbete sie mit Salben.
(schlägt sich auf die Brust) Alles todt! Heiland, Heiland ich möchte dir die Füße salben.

⟨H 4,17⟩ ⇐ ⟨H 1,13⟩

Kaserne.

Andres. Woyzeck, kramt in seinen
Sachen.

Woyzeck.   Das Kamisolchen Andres, ist nit zur
Montour, du kannst's brauchen Andres. Das Kreuz
is meiner Schwester und das Ringlein, ich hab auch
noch ein Heiligen, zwei Herzen und schön Gold, es
lag in meiner Mutter Bibel, und da steht:

> Leiden sey all mein Gewinst,
> Leiden sey mein Gottesdienst,
> Herr wie dein Leib war roth und wund
> So laß mein Herz seyn aller Stund.

Meine Mutter fühlt nur noch, wenn ihr die Sonn auf
die Händ scheint. Das thut nix.

Andres. (ganz starr, sagt zu Allem: ja wohl)

Woyzeck. (zieht ein Papier hervor.) Friedrich Johann Franz Woyzeck, geschworener Füsilir im

2. Regiment, 2. Bataillon, 4. Compagnie, geboren
Mariae Verkündigung ich bin heut den 20. Juli alt 30
Jahre 7 Monate und 12 Tage.

Andres. *Franz, du kommst in's Lazareth.* A++++
du mußt Schnaps trinken und Pulver drein das tödt   5
das Fieber.

(H1,11) **Woyzeck.** Ja Andres, ⌐*wann der Schreiner die Ho-*
belspän sammelt, es weiß niemand, wer seinen Kopf
darauf legen wird.⌐

4–6 Andres. Franz, du kommst in's Lazareth. A++++ du mußt Schnaps
trinken und Pulver drein das tödt das Fieber.⟧ *vgl. H1,13* Andres.
Leg dich Louis du mußt ins Lazareth. Du mußt Schnaps trinken und
Pulver drin, das schneidt das Fieber. *und H4,13* Andres. Du mußt
Schnaps trinken und Pulver drein, das schneidt das Fieber.
7f. wann der Schreiner die Hobelspän sammelt,⟧ *vgl. H1,11* sich die Hobelspän schütteln lassen. *und H4,1* und er lag auf den Hobelspänen

Differenzierter Text

⟨*FOLIOHANDSCHRIFT H1*⟩

⟨*H1,1*⟩

[+→]Buden. Volk.

Marktschrei⟨er⟩ vor einer Bude.

Meine Herren! Meine Herren! Sehn sie die Kreatur,   5
wie sie Gott gema⟨c⟩ht, nix, gar nix. Sehen Sie jezt die
Kunst, geht aufrecht hat Rock und Hosen, hat einen
Säbel! Ho! Mach Kompliment! So bist brav. Gieb
Kuß! (er trompete) Mich⟨e⟩l ist musikalisch. Meine
Herren hier ist zu sehen das astronomi+sche Pferd   10
und die kleinen Canaillevögele. Ist [Liebling] favoi
von alle gekrönte Häupter. Die räpräseantation anfangen! [Ist] Man mackt Anfang von Anfang. {Es wird
sogleich s⟨e⟩yn das commencement von commencement.}   15
{[+]S o l d a t Willst du?
M a r g r e t h   Meinetwegen. Das muß schön Dings
s⟨e⟩yn. Was der Mensch Quasten hat u. di⟨e⟩ Frau hat
Hosen.}*

---

* *Die beiden – als solche nicht sicher erkennbaren – Ergänzungen wurden*
vermutlich zeitlich nach einem ursprünglich den Szenenentwurf abschlie-
ßenden längeren Strich notiert.

⟨H1,2⟩

Das Innere der Bude.

Markt Zeig' dein Talent! zeig deine viehisch⟨e⟩ Vernünftigkeit! B⟨e⟩schäme die menschlich⟨e⟩ Societät!
Meine Herren d⟨ie⟩ß Thier, wi⟨e⟩ sie da sehn, Schwanz
am Leib, auf seinen 4 Hufen ist Mitglied von allen gelehrten Societät⟨en⟩, ist Professor an mehreren Univer-
sität⟨en⟩ wo di⟨e⟩ Studenten b⟨e⟩y ihm reiten [ler] u.
schlagen lernen. Das war einfacher Verstand! Denk
jezt mit der doppelten [Ver] raison. Was machst du
wann du mit der doppelten Räson denk+st? Ist unter d. ge[+→]lehrten [G→]société da ein Esel?
(d. Gaul [+→]schüttelt d. Kopf) Sehn sie jezt di⟨e⟩
doppelte Räson! Das ist Viehsionomik. Ja das ist kein
viehdummes Individuum, das ist eine Person! Ein
Mensch, ein thierischer Mensch und doch ein Vieh{,}
[u.] ei bête, (das Pferd führt sich ungebührlich auf) So
b⟨e⟩schäme di⟨e⟩ [+→]société! Sehn sie das Vieh ist
noch Natur unverdorbene Natur! Lernen Sie b⟨e⟩y ihm.
Fragen sie den Arzt es ist höchst schädlich! Das hat
geheißen Mensch s⟨e⟩y[d] natürlich, du bist geschaffen Staub, Sand, Dreck Willst du mehr s⟨e⟩yn, als
Staub, Sand, Dreck? Sehn, sie was Vernunft, es kann
rechnen u. kann doch nit an d. Fingern herzählen,
warum? Kann sich nur ni[ch]t ausdrücken, nur nit
expliciren, ist ein verwandter Mensch! Sag den Herren,
wieviel Uhr e[+→]s' ist. Wer von den H⟨erren⟩ u.
Dam⟨en⟩ hat eine Uhr, eine Uhr.

Unterofficier. Eine Uhr! (zieht großartig u. gemessen
|die|eine| Uhr aus d. Tasche) Da mein Herr. {⟨VER-

MUTLICH ARBEITSNOTIZ, VGL. H2,2⟩ (Das ist ein
Weibsbild guck +sieben Paar le+derne Hosen durch}
M a r g r e t h.   [(] Das muß ich seh|n|en| (sie klettert auf
den 1. [+→]Platz. Unterofficier hilft ihr)
U n t e r o f f i c i e r   [V+st+.]   5

⟨*EIN VIERTEL DER SEITE UNBESCHRIEBEN,
MÖGLICHERWEISE ARBEITSLÜCKE*⟩

⟨*H 1,3*⟩

M a r g r e t h.   (a l l e i n)*   Der andere hat ihm befohlen
und er hat gehn müssen, Ha! Ein Mann vor einem   10
Andern.

⟨*H 1,4*⟩

Der Casernenhof.

Andres. Louis.

[L + + →] A n d r e s   (singt)   15
Frau Wirthin hat n'e brave Magd
[sie sitzt im Garten]
Sie sitzt im Garten Tag u. Nacht

---

* *Für die übliche Beurteilung dieses kurzen Monologs als Einzelszene H 1,3
sprechen die Plazierung zu Beginn einer neuen Seite und die etwas
größere Einrückung. Möglich ist aber auch, das unbeschriebene Viertel
der vorausgehenden Seite als Arbeitslücke und Margreths Monolog als
geplanten Abschluß von H 1,2 zu werten.*

Sie sitzt in ihre|m|n| [G[l→]arten] Garten
Bist da[s→]ß d das Glöcklein zwölfe schlägt
Und paßt auf die Soldat⟨en⟩.

Louis. Ha Andres, ich hab keine Ruh!
5 And⟨res⟩. Narr+!
Louis. Was |mein|wei|st du[!→]? So red doch
Andres Nu?
Louis. [Nu?→]Was glaubst du wohl, d⟨a⟩ß ich
hi|er|n|e| bin?
10 And⟨re⟩s. Weils schön Wetter ist und sie heut tanzen.
Louis. Ich muß fort, muß sehen!
And⟨re⟩s. Was willst du?
Louis. Hinaus!
And⟨re⟩s. Du Unfriede, wegen des Menschs
15 Louis Ich muß fort.

⟨H1,5⟩

Wirthshaus.

Die Fenster sind offen. Man [T→]tanzt.
Auf de+r Bank vor dem Haus

20 Louis, (lauscht am Fenster) Er – [s→]Sie! Teufel! (er
setzt sich zitternd nieder)
(Er s geht wieder an's Fen) Wie das geht! Ja wälzt
Euch übereinander! Und Sie: immer, zu – immer zu.
D. Narr. Puh! Das riecht.
25 Louis. Ja das riecht! Sie hat rothe rothe Back⟨en⟩ [und
riecht doch schon.] und warum riecht sie schon?
K|a|e|rl, was witterst du so?

D. Narr. Ich riech, ich riech Blut.

Louis. [+→]Blut? Warum wird es mir so roth vor den
Augen! Es ist mir als wäl[t]zten sie sich in einem
Meer von Blut, all miteinander! H|e|a| rothes Meer.

⟨H 1,6⟩   5

Freies Feld.

Louis Iimmer! zu! – Immer zu! – Hisch! hasch, so ziehn
die Geigen und die Pfeifen. – Immer zu! immer zu! Was
spricht da? da unten aus dem+ Boden hervor, ganz
leise was, was (er bückt sich nieder) Stich, Stich,   10
Sti+ch die Woyzecke todt, Stich, stich di⟨e⟩ Wo⟨y⟩-
zecke todt, [und immer lauter und jezt brüllt es, als wär
der Himmel ein Rachen, st+ich stich die Woyz⟨ec⟩ke
todt. st+ich di⟨e⟩ Woy⟨z⟩ecke todt. Immer zu!] Immer
[zu→]Was! das zischt u. wimmert und donnert.   15

⟨H 1,7⟩

Ein Zimmer.

Louis u. Andres.

Andres [Laß mich ich] He[+→]! [Was]
Louis. Andres!   20
Andres (murmelt im Schalf)
Louis. H|e|a| Andres!
Andres. Na, was is?
Louis Ich hab keine Ruh, ich hör's immer, wies geigt u.
springt, immer zu! immer zu! Und dann wann ich die   25

Augen zumach, da blitzt es mir immer, es ist ein
großes breit⟨es⟩ Messer und [liegt] das liegt auf einem
Tisch am Fenster und ist in einer ++ dunkeln Gaß und
ein alter Mann sitzt dahinter. Und +das M⟨e⟩sser ist
5   mir immer zwischen den Augen.
A n d ⟨re⟩ s.   Schlaf Narr!

⟨H 1,8⟩

                    K a s e r n e n h o f.

L o u i s +   Hast nix gehört.
10 A n d r e s.   Er ist da vorb⟨e⟩y mit einem Kameraden.
L o u i s   Er hat was gesagt.
A n d r e s.   Wo+her weißt dus? Was soll ichs sagen. Nu,
      er s lachte und dann sagte er ein köstlich Weibsbild!
      die hat Schenkel und Alles so |fest|heiß|!
15 L o u i s. (ganz kalt) So hat er das gesagt? [Vo]
      Von was hat mir doch heut Nacht geträumt? War's
      nicht von einem Messer? Was man doch närrische
      Träume hat.
A n d r e s.   Wohin Kamerad?
20 L o u i s   Meinem Officier, Wein holen. – Aber Andres, sie
      war doch ein einzig Mädel.
A n d r e s.   Wer war?
L o u i s.   Nix. Adies.

⟨H 1,9⟩

Der Officier, Louis.

Loui+s (allein) Was hat er gesagt? So? – Ja es ist
noch nicht aller Tag Abend.

⟨H 1,10⟩   5

Ein Wirthshau+s.

Ba⟨r⟩bier. Unterofficier.

Barbier.   Ach Tochter, liebe Tochter
               Was hast du gedenkt,
               D⟨a⟩ß [+→]du dich an die Landkutscher   10
               Und die Fuhr[h→]leut hast gehängt. –
Was kann der liebe Gott nicht, was? Das G⟨e⟩sche-
hene ungeschehn machen. Hä hä hä! – Aber es ist einmal so, und es ist gut, d⟨a⟩ß es so ist. Aber b⟨e⟩sser ist
b⟨e⟩sser.   15
{(singt) Brantewein das ist mein Leben
          Brantwein gi⟨e⟩b⟨t⟩ Courage}
Und ein ordentlicher Mensch hat sein Leben lieb,
und [der] ein Mensch, der sein Leben lieb hat, hat
keine Courage, ein tugendhafter Mensch hat keine   20
Courage! Wer Courage hat ist ein Hundsfott
Unterofficier (mit Würde) Spricht [[{⟨} er mit Beziehungen?] Sie vergessen sich, in Gegenwart eines
Tapferen.
Barbi⟨er⟩. Ich spreche ohne B⟨e⟩ziehung⟨en⟩, ich spre-   25
che+ nicht mit Rücksichten, wie die Franzosen spre-

chen, und es war schön von Euch. – Aber wer Courage hat ist ein Hundsfott!

Unteroff.   Teufel! du [[+→]schartiges Bartmes] zerbrochene Bartschüssel, du abg⟨e⟩standene Seif⟨en⟩-
5   brüh⟨e⟩ du sollst mir deinen Urin trinken, du sollst mir
dein [+→]Rasirmesser v⟨er⟩schlucken!

Barbier   H|err|a| Er thut sich Unrecht, hab ich ihn
denn gemeint, hab ich gesagt er hätt Courage? H⟨err⟩
laß er mich in Ruh! Ich bin die Wissenschaft. Ich be-
10   komme für meine Wi+ssenschaftlichkeit alle Woche
einen halb⟨en⟩ Gul+den, schl⟨a⟩g Er mich nicht grad
oder ich muß verhungern. Ich bin ei|ne|n| spinosa
pericyclyda; ich hab einen lateinischen Rücken. [Seht,]
Ich bin ein lebend⟨i⟩ges Skelett, die ganze Menschheit
15   studirt an mir –. Was ist der Mensch? Knochen!
[Sand→]Staub, Sand, Dreck. Was ist di⟨e⟩ Natur?
Staub, Sand, Dreck. Aber die dummen Menschen, die
dummen Mensch⟨en⟩. Wir müssen Freunde s⟨e⟩yn.
Wenn Ich+ keine Courage hätte |[so→]|so|gäb es keine
20   W⟨i⟩ssenschaft, keine Natur, [a→]keine Amputation,
exarticulati⟨on⟩. Was ist das, [Ar→]mein Arm, Fleisch,
Knoch⟨en⟩, A+dern? Was ist das Dreck? Worin steckt's,
im Dreck? [Also haut mir in die] Laß ich den Arm so
abschneiden, nein, der Mensch ist egoistisch, aber
25   haut, schießt sticht hinein, + so, jezt. Wir müssen
Freunde, ich bin gerührt. Seht ich wollte unsere Nasen
wären zwei Bouteillen u. wir könnten sie uns einander in
die Häls g⟨ie⟩ßen.

Ach was di⟨e⟩ Welt schön ist! Freund! mein Freund!
30   Die Welt! (gerührt) seht einmal die Sonne kommt zwischen d. Wolken hervor, als würd' e potchambre aus-
geschüttt. (er weint.)

⟨H1,11⟩

Das Wirthshaus.

(Louis sitzt vor dem Wirthsh.)
Leute gehn hinaus.

Andres Was machst du da?   5
Louis.   [Nix.] Wieviel Uhr ist's.
And. —— ⟨ARBEITSLÜCKE BIS ZEILENENDE⟩
Louis So noch nicht mehr? Ich mein es müßte schneller
  gehn und Ich wollt es wär übermorgen Abend
Andres Warum?   10
Louis.   Dann wär's vorb⟨e⟩y.
Andres Was?
Louis.   Geh deine Wege.

——⟨VERMUTLICH ERSTER TRENNSTRICH*⟩

Was sitzt du da vor der Thür   15
Louis Ich sitze gut da, [aber es] und ich weiß – aber es
  sitzen manche Leut vor d|er|ie| Thür und sie wissen

---

* Der gelegentlich (s. u. S. 130, 136 und 166) zur Markierung von Arbeitslücken gesetzte waagrechte Strich dürfte hier, wie bereits Fritz Bergemann
urteilte, als Abtrennung von der anschließenden »Variante« des »Vorausgehenden« zu verstehen sein, so auch in den beiden folgenden Fällen.
Schlüsse aus der – einheitlichen – Tintenfarbe lassen sich für H 1,11 wie für
die »Woyzeck«-Handschriften insgesamt nach ihrer Behandlung mit
Schwefel-Ammoniak durch K. E. Franzos kaum mehr ziehen, doch Feder-
strich und Schreibduktus lassen vermuten, daß H 1,11 ohne größere Unter-
brechungen in einem Zug niedergeschrieben wurde, und zwar nicht als
fortlaufender Szenenentwurf, sondern in mehrfachen alternativen An-
sätzen: nach dem ersten und zweiten Trennstrich jeweils in Variierung
des zuvor Notierten und mit dem wieder getilgten neuen Motiv Blut
vor dem dritten Trennstrich; nach diesem in Wiederaufnahme des Motivs
der Uhrzeit und mit dem zu H 1,12 überleitenden Motiv des Messers.

es nicht; Es wird mancher mit den Füßen voran zur
Thür n'aus getragen.
Komm mit!

—— ⟨*VERMUTLICH ZWEITER TRENNSTRICH*⟩

5   Ich sitz gut so und läg noch besser gut so. Je kürzer
+++ +++++ und je ++++ +++++ so b⟨e⟩sser.
[Louis du hast Blut am Kopf]
Im Kopf? [Es ist |mir|nur|nun| so]

—— ⟨*VERMUTLICH DRITTER TRENNSTRICH*⟩

10 Wenn alle Leut wüßten wieviel Uhr es ist, sie würden
sich ausziehn, und ein sauberes Hemd anthun und
sich [ihr Bett [v→]zurech] [vom Schreiner ihr Bett machen lassen. Schläft man gut auf Hobelspänen.] {die
Hobelspän schütteln lassen.}
15 Er ist besoffen.
   L o u i s   Was liegt d[e→]ann daü übe E|b⟨en⟩|s| glänst
   |es|++| so. Es zieht mir immer so zwischen den Au-
   gen herum. Wie es glitztert. [Teu] Ich muß das Ding
   haben.

20 ⟨*H 1,12*⟩

               Freies Feld.

   L o u i s . (er legt das Messer in eine Höhle) Du soll+st
   nicht tödten. Lieg da! Fort! (er entfernt sich {eilig})

⟨H 1,13⟩

Nacht. Mondschein

And⟨re⟩s u. Louis in einem Bett.

Louis (leis⟨e⟩.) Andres[)]!
Andres. [Da→](träut+) Da! halt! – |Ja|Ic| 5
Louis. He Andres.
Andres + [+→]Wie?
Louis Ich habe keine Ruhe! Andres
Andres. Drückt +dich der Alp?
Louis. Draußen liegt was. Im Boden. Sie deuten immer   10
    drauf hin und hör+st du j⟨e⟩zt, und j⟨e⟩zt, wie sie in
    den Wänden klopfen eben hat einer +zum Fenster her-
    eingeguckt Hörst du's nicht, ich hör's den ganzen Tag.
    Immer zu. Stich, stich die W
[Lo→]Andres. Leg dich Louis du mußt ins Lazareth.   15
    [Ich ++] Du mußt Schnaps trinken und Pulver
    d|r|re|in, das schnei|d|d⟨e⟩|t das Fieber.

⟨H 1,14⟩

Margreth mit Mädchen
vor der Hausthür   20

Mädchen.
        Wie [blüht das Korn] {scheint d. Sonn}
        St. Lichtmeßtag
        Und steht d[++→]as Korn im Blühn.
        Sie gingen wohl di⟨e⟩ St⟨ra⟩ß⟨e⟩ hin   25
        Sie gingen zu zwei und zwein
        Die Pfeifer gingen vorn

Die Geiger hinter drein.
Sie hatten rothe S⟨o⟩ck

1. K. S'ist nit schön.
2. Was willst du auch imm⟨er⟩.
5   Wa⟨s⟩ hast zuerst angefangen   {Warum?
     Ich kann nit.   Darum?
     Es muß sing⟨en⟩.   Aber warum darum?}*
     Margret⟨h⟩che⟨n⟩ sing du uns.
Marg⟨re⟩t⟨h⟩. Kommt ihr kleinen Krabben!
10   Ringle, ringel Rosenkranz. König Herodes.
     Großmutter erzähl.
G⟨ro⟩ßmutter. Es war einmal ein arm Kind und hat k
     Vater u. keine Mutter war Alles todt und war Nie-
     mand mehr auf der Welt. Alles todt, und es ist hin-
15   g⟨an⟩gen u. hat gerrt Tag u. Nacht. |u.|+| wie auf der
     Er|de|d| Niemand mehr war, wollt's in Himmel gehn,
     und der Mond guckt es so freundlich an und wie's
     endlich zum Mond kam, war's ein Stück faul Holz
     und da ist es zur S|onn|onne| gangen und wie's zur
20   Sonn kam war's eine verwekt⟨e⟩ Sonnenblume und wie's
     zu den Sternen kam, warens [gol+d] kleine gol+dene
     Mücken die waren angesteckt wie d. Neuntödter sie auf
     die Schlehen steckt u wies wieder auf die Erd⟨e⟩
     wol[l→]t, war die Er|de|d| ein umgestürzter Hafen u.
25   war ganz allein u da hat sich s hingesetzt u. gerrt u da
     sitzt' es noch u. ist ganz allein
     [1. Kind] Louis. Margreth!

---

* Unklar ist, ob der rechts plazierte Nachtrag der in »Des Knaben Wunderhorn« (III: Kinderlieder) überlieferten Verse eine – alternative? – Arbeitsnotiz oder eine Ergänzung des ebenfalls nur fragmentarisch notierten Dialogs links darstellt, und ggf. wie und auf welche Kinder bzw.
Mädchen sich der Text verteilen sollte.

Margret⟨h⟩. (erschreckt was ist)
Louis.   Margreth wir wollen gehn s'ist Zeit,
Margret⟨h⟩ Woh|inaus|in|
Louis.   Weiß ich's?

⟨H 1,15⟩   5

Margreth u. Louis.

Marg⟨reth⟩   Also dort hinaus ist di⟨e⟩ Sta s'ist Finster.
Louis   Du sollst noch bleiben. Komm setz dich.
Marg⟨re⟩th   Aber ich muß fort.
Louis   Du würdest dir die Füße nicht wund lau   10
Marg⟨re⟩th   Wie bist du [+→]denn auch!
Louis   Weiß⟨t⟩ du auch wie lang es jezt ist Marg⟨re⟩t⟨h⟩
Marg⟨re⟩th |Um|An| Pfingsten 2 Jah
Louis   W⟨ei⟩ß⟨t⟩ du auch wie lang es noch s⟨e⟩yn wird?
Margreth.   Ich muß fort der Nachthhau fält.   15
Louis   Friers' dich, Margreth, und doch bist du warm
    Was du heiße Lippen hast! (heiß, heiße|r|n| Huren-
    athem) {und doch möcht' ich denn Himmel geben sie
    noch einmal zu küssen)}
    |S|R|St|+++be und wenn man kalt ist, so friert man   20
    nicht mehr.
    Du wirst vom Morgenhau nicht fr.
Marg⟨re⟩th.   Was sagst du?
Louis.   Nix. (schweigen)
Marg⟨re⟩th   Was der Mond roth auf geht.   25
Louis.   Wie ein blutig Eisen.
Marg⟨re⟩t⟨h⟩.   Was hast du vor? Louis, du bist so blaß.
    Louis halt. Um des Himmels w, H|e|ü| Hülfe
Louis   Nimm das und das! Kannst du nicht sterben.

So! so! Ha sie zuckt noch, noch nicht noch nicht? Im-
mer noch? (stößt zu) [(er läßt das Me]
Bist du todt? Todt! [Alles aus.] Todt! (es kommen
Leute laüft weg)

5 ⟨H 1,16⟩

Es kommen Leute.

⟨FEDERPROBE*⟩

1. P. Halt!
2. P. Hörst du? Still! Dort
10 1. Uu! da! Was ein Ton.
2. Es ist das Wasser, es ruft, schon lang ist Niemand ertrunken. Fort s'ist nicht gut, es zu hören.
1. U|u|nd| jezt wieder. Wie ein Mensch der stirbt.
2. Es ist unheimlich, so d|ü|u|ftig – halb Nebel, grau
15 und das Summen d. Käfer wie gesprungene Glocken
Fort!
1. Nein, zu deutlich, zu laut. Da hinauf. Komm mit.

⟨H 1,17⟩

Das Wirthshaus.

20 Louis: Tanzt alle, [als] immer zu, schwizt und stinckt,
er holt Euch doch einmal Alle.
singt

---

* *Offenbar weil die Feder etwa in der Mitte der vorliegenden Szene (im
Text der 2. Person bei ist Niemand ertrunken) kleckste, schrieb Büchner
sie in der Leerstelle neben der Szenenüberschrift mit Schriftzügen wieder
frei, in denen bereits die abschließende Replik der 1. Person zu erkennen
ist, was entweder auf konzeptionelle Übersicht oder auf eine H 1,16 noch
vorausgehende Entwurfshandschrift schließen läßt. Text der Federprobe:
Nein, / [+ u deutlich,] / [Ne] / nein zu.*

([Ach Tochter, liebe Tochter was hast du geden]
Frau Wirthin hat 'ne brave Mag+d
Sie sitzt im Garten Tag u. Nacht
Sie sitzt in ihre|m|n| Garten
Bis d⟨a⟩ß das Glö⟨c⟩klein zwölfe schlägt   5
Und paßt auf di⟨e⟩ Soldat.
(er tanzt[[)→]u hat d. Rock]}⟨)⟩} So Käth⟨e⟩! setz dich!
Ich hab heiß! heiß (er zieht den Rock aus) es ist ein-
mal so, der Teufel holt die eine und läßt die andre lau-
fen. [F→]Käthe du bist heiß! Warum denn Käthe du   1·
wirst auch noch kalt werden. Sey vernünftig. Kannst du
nicht singen?
          Ins Schwab|e|en|land das mag ich ni⟨c⟩ht
          Und lange Kleider trag ich nicht
          Den lange Kleider spitze Schuh,   15
          Die komm⟨en⟩ keiner Dienstmagd zu.
Nein, keine Schuh, man kann auch ohne Schuh in die
Höll gehn.
++ dann:
          O pfui mein Schatz das war nicht fein.   20
          Behalt dei|n|ne|nen| Thaler u. schlaf allein.
Ja wahrhaftig, ich möchte {mich} nicht [i|mm|nn|n|]
bluti⟨g⟩ machen.
K ä t h e.   Aber was hast du an deiner Hand?
L o u i s.   Ich? I⟨c⟩h?   25
K ä t h e   Roth, Blu+t (es stellen sich Leute um sie)
L o u i s   Blut? Blut?
W i r t h. |U|N|u Blut.
L o u i s   Ich glaub ich hab' mich geschnitten, da an die
rechte Hand.   30
W i r t h.   Wie kommt's aber an den Ellenbog⟨en⟩?
L o u i s   Ich hab's abge[sch]wischt.

Wirth.   Was mit der rechten Hand an den rechten
　　Elbo+gen. Ihr s⟨e⟩yd geschickt
Narr.   Und da hat der Riese gesagt: ich riech, ich riech,
　　ich riech Menschenfleisc. Puh. D|er|a⟨s⟩| stinkt schon
5 Louis   Teufel, was wollt Ihr? Was geht's Euch an?
　　Platz! oder der erste* Teufel. Meint Ihr ich hätt Je-
　　mand umgebracht? Bin ich Mörder? Was gafft Ihr!
　　Guckt Euch selbst an. Platz da (er läuft hinaus.)

⟨H 1,18⟩

10 　　　　　　　Kinder

1. Kin⟨d⟩.   Fort. Margreth⟨ch⟩en!
2. Kind   Was i's.
1. Kind.   Weist du's nit? Sie sind schon alle hinaus.
　　Drauß liegt eine?
15 2. Kind.   Wo?
1.) [K→]Links über die Lochschneis⟨e⟩ in die Wäld-
　　chen,** am rothen Kreuz.
2.) |F|K| Fort, d⟨a⟩ß wir noch was sehen. Sie tragen
　　sonst hinein.

20 ⟨H 1,19⟩

　　　　　　　⟨Louis, allein

　　Das Messer? Wo ist das Messer? Ich hab' es da gelas-
　　sen. [Näh|er|e|] Es verräth mich! Näher, noch näher!
　　Was ist das für ein Platz? Was höre ich? [Sie rührt] Es

---

* *In der Handschrift steht* erste *am Zeilenende. Dort vermutlich ein aus-*
gelassenes Satzzeichen.
** *Die Lesung* die Wäldchen *ist außerordentlich unsicher.*

rührt sich was. Still. Da in der Nähe. Margreth? Ha
Margreth! Still. Alles still! (Was bist du so bleich, Margreth? Was hast du eine rothe Schnur um d. Hals? Bey
[dem] wem, hast du das Hal+sband verdient, mit
deine|r|n| Sünd|e|en|? Du warst schwarz davon,   5
schwarz! Hab ich dich jezt gebleicht. Was hängen
d|eine|ie| schwarzen Haare, so wild? Hast du
d|ie|eine| Zöpfe heut nicht geflochten?) Da liegt was!
kalt, naß, stille. W⟨e⟩g von dem Platz, das Messer, das
M⟨e⟩sser hab ich's? So! Leute – |D|d|ort. (er laüft   10
w⟨e⟩g)

⟨H 1,20⟩

Louis an einem Teich.

So, da hinunter! (er wirft das [W++→]Messer hinein)
Es taucht in das dunkle Wasser, wie [ein] Stein! Der   15
Mon+d ist wie ein blutig Eisen! Will [+→]denn die
ganze Welt es ausplaudern? [Hab' i] Nein es liegt zu
weit vorn, wenn sie sich baden (er geht in den
Teich[)→]u. wirft weit) so jezt aber im Sommer, wenn
sie tauchen nach Muscheln, bah es wird rostig. [Und   20
ich +++] Wer kann's erkennen – hätt' ich es zerbrochen! Bin ich noch blutig? ich muß mich waschen Da
ein Fleck und da noch einer.}

⟨*H 1,21*⟩

Gerichtsdie⟨ner⟩. Barbier.
Arzt. Richter.

|Pol|Gd|.   Ein guter, Mord, ein ächter Mord, ein
5 schöner Mord, so schön als man ihn nur verlangen
thun kann wir haben schon lange so keinen gehabt. –

⟨*ARBEITSNOTIZ:*⟩ (Barbi⟨er⟩, dogmatischer Atheist. Lang, hager, feig, possirlich, [+→]Wissen-
schaf|t|l||.|er|

⟨*FOLIOHANDSCHRIFT H2*⟩

⟨*H2,1*⟩

Freies Feld. Die Stadt in der Ferne.

Woyzeck. Andres.
Andres[, (pfeift] u. Woyzeck schneiden   5
Stöcke im Gebüsch.

Andres (pfeift u. singt)

Da ist die schöne Jägerei.
Schießen steht J⟨e⟩dem frei
Da möcht' ich Jäger s⟨e⟩yn   10
Da möcht ich hin.

Laüft dort e Has vorb⟨e⟩y
Frägt mich ob ich Jäger s⟨e⟩y
Jäger bin ich auch schon geweSen,
Schießen kann ich aber ni[ch→]t.   15

Wo⟨y⟩zeck. Ja Andres, das ist er der Platz ist verlflucht.
Siehst du den [sch|w|ei|] leichten Streif, da über das
[F→]Gras hin, wo di⟨e⟩ Schwämme so nachwach-
schen da rollt Abends der Kopf, es hab' ihn einmal ei-
ner auf, er meint es s⟨e⟩y ein Igel, 3 Tage u. [3→]2   20
Nächte [+] nur das Zeichen, und er war todt. {(Leise)}
Das waren die Freimaurer, ich hab' es haus.

Andres [Faßt] Es wird finst⟨er⟩, fast macht Ihr |mir|
einem| Angst. (er singt)

Wo⟨y⟩zeck (Faßt ihn an) Hörst du's And⟨re⟩s? Hörst   25
du's es geht! [uns,] neben uns, unter uns. Fort, die

Erde [bebt] u schwankt unter unsern Sohlen. Di⟨e⟩ Freimaurer! Wi⟨e⟩ sie wühlen! (Er reißt ihn mit sich)
A n d r e s   L⟨a⟩ßt mich! S⟨e⟩yd Ihr toll! Teufel.
W o⟨y⟩ z⟨ec⟩ k [(hastig) [+→]Mensch] bist du ein Maul-
5   wurf, sind d|eine|ie| Ohren voller Sand[!→]? Hörst du
das [Tos→]fürchterliche Getös am Himmel, Ueber
d. Stadt, Alles Gluth! [Wie] Sieh nicht hinter
dich. Wie es h|er|in|auffliegt, und Alles darunter
[stürzt|!|,| zu Boden, zu Boden (er wirft sich mit ihm
10   in's Gebüsch)]
A n d r e s   (Du mach[t→]st mir Angst.
W o y z e c k   Sieh nicht hinter dich! (Sie versteck⟨en⟩ sich
im Gebüsch)
A n d r e s   Woyzeck ich hör nichts mehr.
15 W o y z e c k . Still, ganz still, wie der Tod.
A n d ⟨re⟩ s . Sie trommeln drin. Wir müssen fort.
[W⟨oy⟩ z e c k .]

⟨H 2,2⟩

Die Stadt.

20   L o u i s e . M a r g r e t h . (a m F e n s t e r)
        D e r Z a p f e n s t r e i c h g e h t v o r b⟨e⟩ y.
        T a m b o u r m a j o r , v o r a u s.

L o u i s e   He! Bub! Sa! ra
M a r g r e t h . Ein schöner Mann!
25 L o u i s ⟨e⟩ . Wie e Baum.
                (Tambourmajor grüßt.)
M a r g ⟨re⟩ t h . |E|H||y|⟨e⟩y| was freundliche Auge, Frau
Nachbar, so was is man nit an ihr gewöhnt.

Louis⟨e⟩. [Als ob man ++] Soldaten, [+→]das sind
schmucke Bursch

⟨*ARBEITSLÜCKE VON EIN BIS ZWEI LEERZEILEN*⟩

Marg⟨re⟩th. Ihr Auge glänze ja noch!
Louise Was geht sies an! Trag sie ihr Auge zum Jude
und laß sie sich putze, vielleicht glänze sie auch noch,
d⟨a⟩ß man si⟨e⟩ [f→]als 2 Knöpf verkaufe könnt.
Marg⟨re⟩t⟨h⟩. Sie! Sie! Frau Jungfer, [es weiß] ich bin e
honette Person, ab⟨er⟩ Sie, es weiß jeder sie guckt siebe
Paar lederne Hose durch.
Louise Luder (schlägt das Fenster zu)
Komm mein Bu, soll ich dir singen? {Was di⟨e⟩ Leut
wollen! Bist du auch nur e Hurenki und machst dei⟨ner⟩
Mutter Freud mit deim unehrliche Gesicht.}
          Hansel spann deine sechs Schimmel an
          Gieb ihn zu fresse auf's neu
          Kein Haber fresse sie,
          Kein Wasser saufe sie
          Lauter kühle Wein muß es s⟨e⟩yn, Juchhe.
          Lauter kühle Wein muß es s⟨e⟩yn.

          Mädel, was fangst du jetzt an
          Hast ein klein' Kind und kein Mann?
          Ey was [ich] frag ich danach
          Sing ich den ganzen Tag
          Heyo po+peio mein Bu[.→], juchhe.
          Giebt mir kein Mensch nix dazu.
(es klopft am Fenster) Bist du's Franz? Komm herein.
W⟨oy⟩zeck. Ich kann nit. Muß zum Verles.

L o u i s e   Hast du Stecken geschnitten für den Major.

W⟨oy⟩zeck   Ja Louisel.

L o u i s e.   Was hast du Franz, du siehst so verstört?

W⟨oy⟩z⟨ec⟩k.   [(]pst! still! Ich hab's aus! Die Freimau-
5   rer! Es war ein fürcht⟨er⟩liches Getös am Himmel und
Alles in Gluth! Ich bin viel auf der Spur! sehr viel!

L o u i s e   Narr!

W⟨oy⟩z⟨ec⟩k.   Meinst? [G+→]Sieh um dich! Alles starr
f⟨e⟩st, finster, was regt sich dahinter. [Gott weg Alles
10   weg ++] Etwas, was wir nicht fassen +++++ still, was
uns von Sinnen bringt, aber ich hab's aus. [+→]Ich
muß fort! [Heut]

L o u i s e.   Dein Kind?

W⟨oy⟩z⟨ec⟩k. |A|Ac|h. Junge! Heut Abend auf di⟨e⟩
15   Mess⟨e⟩. Ich hab wieder was gespart (ab)

L o u i s e.   Der Mann schnappt noch über, er hat mir
Angst gemacht. Wi⟨e⟩ unheimlich, [+→]ich mag, wenn
es finst⟨er⟩ wird gar nicht bleiben, ich glaub' ich bin
blind, er steckt einen an. [Ich will vor die Thür.] {Sonst
20   scheint doch als die Latern herein. Ach wir armen
Leute.} (sie+ singt:
        und macht die Wiege knickknack
        Schlaf wohl mein lieber Dicksack.
            (Sie geht ab.)

25   ⟨H2,3⟩

        O e f f e n t l i c h e r   P l a t z. B u d e n. L i c h t e r.

A l t[+→]e r   M a n n. K i n d   d a s   t a n z t:
        Auf der Welt ist kein Bestand
        Wir müssen alle sterben, das ist uns wohlbekannt!

—— ⟨*ARBEITSLÜCKE VON ETWA EINER ZEILE*⟩

{He! Hopsa!} {Armer Mann, alter Mann! Armes Kind!
Junges Kind! ++++ u. ++st! Hey Louisel, soll ich
dich tragen? Ein Mensch muß nach d. +++ vo+ ++d+,
damit er essen kann. ++++ Welt! Schöne Welt!}   5
Ausrufer, An einer Bude: Meine Herren, meine Damen,
[hier] [sind] {ist}* zu seh|n|en| [da+→]das astronomi-
ische Pferd und die keinen Canaillevögel, sind Liebling
von allen Potentaten Europas u. Mitglied von allen
gelehrten Societät⟨en⟩; [sagen] weissagen d. Leuten Alles,   10
wie alt, wie viel Kinder, was für Krankheit⟨en⟩, schießt
Pistol los, stellt sich auf ein Bein. Alles E⟨r⟩ziehung,
haben n eine viehische Vernunft, oder vielmehr eine
ganze vernünftige Viehigkeit, ist kein viehdummes Individuum wiel viele Personen, das verehrliche Publikum   15
abgerechnet. [Kom] +++, H+. Es wird sey, die räpräsentation, das commencement vom commencement wird
sogleichen neh|m|men| sein Anfang.

—— ⟨*ARBEITSLÜCKE VON ZWEI ZEILEN* (?)**⟩

---

* *Die Korrektur* ist steht *über dem durch einen knappen Strich vermutlich
irrig getilgten* hier, *und zwar ursprünglich* dort *in der Arbeitslücke plaziert, wo später noch die Ergänzung* Ein Mensch bis kann *eingetragen
wurde.*
** *Oder bis Szenen- (und Seiten-)Ende. Indizien für den Nachtrag nur der
zwei folgenden Zeilen, die jedoch im Schreibduktus dem Vorausgehenden gleichen, sind der vor ihnen stehende Strich, der nach ihnen etwas
größere Zeilenabstand und der folgende deutliche Wechsel des Duktus.
Letzteres, der geringere Einzug der Passage* Narr. Grotesk! *bis Sze-
nenende sowie verschiedene inhaltliche Brüche lassen dagegen auch den
Schluß zu, daß der Platz nach der zunächst mit* nehm *sein Anfang en-
denden Rede des Ausrufers und nach einem Trennstrich bis zum Seitenende mit eher disparaten Materialskizzen ausgefüllt wurde.*

{Sehn Sie die Fortschritte der Civilisation. Alles schreitet fort, ein Pferd, ein Aff, ein Canaillevogel. Der Aff' ist
schon ein Soldat, s'ist noch nit viel, unt(er)st Stuf von
menschliche Geschlecht!}

5 [Franz. Das will ich dir sagen, ich hatt|' ein| 'en| Hun-
delein [und] das schnuffelte an einem großen Hut u.
konnt nicht drauf und da hab' ich's ihm aus
Gultmüth(ig)ke(it) erleichtert und hab' ihn darauf ge-
setzt. Und da standen die Buben herum und die Mädel.]
10 Narr. Grotesk! Sehr grotekst
S+++. Sind Sie auch ein Atheist! ich bin ein dogma-
tisch(er) Atheist
++. [Ich bin ein Freund] Ist's grotekst? Ich bin ein Freund
vom grotesken. Seh|n|en| sie dort? was ein grotesker
15 Effect.
+++. Ich bin ein dogmatischer Atheist.
Groteckt.

⟨H2,4⟩

H. Handwerk+sburschen.

20 Bruder! Vergißmeinnicht! Freund[h]schaft – Ich
könnt ein Regenfaß voll greinen. Wehmuth! wenn ich
noch eine hätt! Es st++|kt|tet| |nur|mir|, es r++st
|nur|mir|. Warum ist d(ie)ßc Welt so schön? Wenn
ich's eine Aug zu mach und über meine Nas hinguck, so
25 is Alles rosenroth. Brandewein, da ist mein Leben.
Ein A⟨n⟩derer Er sieht Alles rosenroth, wann ein ['s]
Kreuz über seine Nas guckt.
+++ [Es→]S'is keine Ordnung! Was hat der Laternputzer verg(e)ssen mir die Augen zu fegen, s'is Alles fin-

ster. Hol der Teufel den lieben Herrgott! [d→]Ich lieg
mir selbst im W⟨e⟩g und muß über mich springen. Wo
is mein Schatten hingekomm⟨en⟩. Keine Sicherheit mehr
im Sta|t|l|t|l|. Leucht mir einmal einer {mit d. Mond}
zwischen die Beine ob ich meinen Schatten noch hab.   5

      Fraßen ab das grüne, grüne Gras
      Fraßen ab das grüne, grüne Gras
      Bis auf den Ra – a – sen.

Sternschnuppe, ich muß den Sternen die Nas schneu-
zen.   10
D⟨a⟩ß ich +++ +++ Gesellen, die Handthierung, ist
d++ ++cht, Sch+++, eine Th+++eit, Th++++chheit,
V+higkei⟨t⟩ ++++ ++++ligen Mannes +++++++ und
empfiehlt sich +++ +++h++ u+zeugten Kindern.
Mach kein Loch in die Natur.   15
Warum hat Gott die Menschen g⟨e⟩schaffen? Das hat
auch seinen Nutzen, was würde der Landmann, der
Schuhmacher, der Schneider anfangen, wenn er fü⟨r⟩ die
Menschen keine Schuhe, keine Hosen machte, warum
hat Gott de|n|m| Menschen das Gefühl der Schaam-   20
haft⟨i⟩gkeit eingeflößt, damit der Schneider leben kann.
Ja! Ja! Also! darum! auf daß! damit! oder aber, wenn er
es nicht gethan hätte, aber darin sehen wir seine Weisheit, d⟨a⟩ß er die Menschen nach den [Pflanzen u. Ge-
viech erschaffen,] d⟨a⟩ß er die viehgische [+→]Schöp-   25
fung der menschlich|en|e| |b|A|++|f|h|oh+|en|me|*
hätte, weil di⟨e⟩ Menschlichkeit sonst d[ie→]as Viehische aufgefressen hätte. D⟨ie⟩ßer Säugling, d⟨ie⟩ßes
schwach⟨e⟩, hülflose G⟨e⟩schöpf, jen Säugling, – {Laßt
uns jezt über das Kreuz piss⟨en⟩, damit ein Jud stirbt}   30

---

* *Lesung vielleicht* beanfohlen *als Verschreibung für:* anbefohlen.

Brandewein das ist mein Leben, Brandwein, giebt Courage.

⟨*H2,5*⟩

[L o u i s e l. Wo⟨y⟩z e c k.

5 Heisa Musik. Was Lichter, |meine|wie| Augen!]

Unterofficier. Tamb. major.

Halt, j⟨e⟩zt. Siehst du sie! Was ein Weibsbild.
Tambourmajor. Teufel zum Fortpflanz⟨en⟩ von Kürassierregimentern u. zur Zucht von Tambourmajors.
10 [Tamb→] Unteroff. Wie sie den Kopf trägt, man meint
das schwarze Haar müsse hn abwärts zieh|n|en, wie ein
Gewicht, und Aug⟨en⟩, schw
Tamb. maj. Als ob man in einen Ziehbrunnen [guck]
oder zu einem Schornstein hinunter gu⟨c⟩kt. Fort hinter
15 drein.

—— ⟨*MÖGLICHERWEISE ARBEITSLÜCKE VON ETWA
VIER ZEILEN**⟩

{Louis⟨e⟩l. Was Lichter, [|m|w|]}
Franz. Ja d|ie|er| |B|L|ou++, eine [+→]s groß⟨e⟩
20 schwarze Katze mit feurigen Augen. Hey, was ein
Abend.}

---

* *In diesem Fall wäre der folgende Dialog* Louisel/Franz *nachgetragen,
der jedoch so weit links notiert ist wie der getilgte Ansatz* Heisa Musik *zu
Beginn des ursprünglichen Szenenentwurfs (Z. 5). Vielleicht ist daher
umgekehrt der einheitlich stärker eingerückte Dialog* Unterofficier/Tam-
bourmajor *in einer Arbeitslücke nachgetragen; der ihm folgende Strich
wäre dann als Trennungsstrich zwischen zwei noch nicht integrierten
Textelementen zu beurteilen.*

⟨H 2,6⟩

Woyzeck. Doctor.

Doctor. Was erleb' ich. Wo⟨y⟩zeck? Ein Mann von
Wort? Er! er! er?

Wo⟨y⟩zeck Was denn H⟨err⟩ Doctor.   5

Doctor. Ich es gesehn hab! er auf die Straß gepißt
hat, wie ein Hund. [Beko] Geb' ich ihm dafür alle Tag
3 Groschen und Kost? Die Welt wird schlecht sehr
schlecht, schlecht, sag' ich, O! Wo⟨y⟩zeck das ist
schlecht.   10

Wo⟨y⟩zeck. Aber H⟨err⟩ Doctor wenn man nit and⟨er⟩s
kann?

[Wzck→]Doct. Ni+t and⟨er⟩s kann, [ab] ni+t abnd⟨er⟩s
kann. Ab⟨er⟩glaube, abscheulicher Ab⟨er⟩gl[+→]laube,
hab' i⟨c⟩h nit nachgewies⟨en⟩, daß der musculus con-   15
strictor vesicae dem Willen unterworfen ist, Wo⟨y⟩zeck
der Mensch ist frei, im Menschen verklärt sich die In-
divid+ualität zur Freiheit – seinen Harn nicht halten
können! Es ist Betrug Wo⟨y⟩zeck. Hat er schon seine
Erbsen gegessen, nichts als Erbsen, nichts als Hülsen-   20
früchte, cruciferae, merk' er sich's.

Die nächste Woche fangen wir dann mit Hammelfleisch an. Muß er nicht aufs secret? Mach er. Ich
sag's ihm. Es giebt eine Revolution in der Wissenschaft. Ei Revolution! Nach gestrigem Buche, 0,10   25
Harnstoff, + salsaures Ammon, H++sd+.

Aber ich hab's gesehen, daß er an die Wand pißte, ich
st|r|e|e|ckt⟨e⟩ grad meinen Kopf hinaus, zwischen [zwei
Blattläuse, die sich b⟨e⟩gatteten,] meine|n|r| Valnessia u.
Myand+++. Hat er mir Frösch gefangen? Hat er   30
Laich? Kein|en|e| Süßwasserpolypen, keine Hyd⟨r⟩a,

Veretillen, Cristatellen? Stoß er mir nicht an's Mikroskop, ich hab eben den +linken Backzahn von einem
Infusionsthier darunter. Ich sprenge sie in die L+uft,
alle miteinander. Wo⟨o⟩z⟨ec⟩k+, keine Spinneneier, keine

5 Kröten? Aber an die Wand gepißt! Ich hab's gesehen,
(tritt auf ihn los) Nein Wo⟨o⟩⟨y⟩zeck, ich ärgere mich
nicht, ärgern ist ungesund, ist unwissenschaftlich. Ich
bin ruhig, ganz ruhig und ich sag's ihm mit der grösten Kaltblüt⟨i⟩gkeit. Behüte wer wird sich über einen

10 Menschen ärgern! einen Menschen. Wenn es noch ein
Proteus + wäre, der einem krepirt! Aber er hätte doch
nicht an die Wand pissen sollen.

W⟨o y⟩z⟨ec⟩k. Ja die Natur, H⟨err⟩ Doctor [wenn dann]
wenn die Natur aus ist.

15 [W→] Doctor. Was ist das [N→]wenn di⟨e⟩ Natur ist?
W⟨o y⟩zeck. Wenn die Natur aus ist, das ist, wenn di⟨e⟩
Natur ist?
[|We|Wo|] Wenn di⟨e⟩ Welt so finst⟨er⟩ wird, daß man
mit den Händen an ihr herumtappen muß, d⟨a⟩ß man

20 meint si⟨e⟩ verrinnt wie Spinnweb' Das ist, so wenn etwas ist und doch nicht ist[, wenn die] Wenn alles
dunk⟨e⟩l ist, und nur noch ein [glühendrother] rother
Schein im Westen, wie von einer Esse. Wenn (schreitet
im Zimm⟨er⟩ auf u⟨n⟩d ab)

25 Docto⟨r⟩. Kerl er tastet mit seinen Füßen herum, wie mit
Spinn⟨en⟩füßen.
Wo⟨y⟩zeck (steht ganz gerad⟨e⟩) Haben Sie schon di⟨e⟩
Ringe von den Schwämmen auf dem Boden gesehen,
lange Lini⟨en⟩, [K→]dann Kreise, Figuren, da steckt's!

30 da! Wer das lesen könnte.
Wenn di⟨e⟩ Sonn im hellen Mitt⟨a⟩ge steht und es ist als
müßte die Welt auflodern. Hören sie [+→]nichts[+→]?

[[Dann→]+st], wie ++, wenn als die Welt
s[ch→]pricht, sehen sie, die langen Linien, u. das ist als
ob es einem mit fürchterlich|er|en| Stimm|e|en| anre-
dete.

[W→]Doctor. W⟨oy⟩zeck! er kommt ins Narrenhaus,   5
er hat eine schöne fixe Idee, eine köstliche alienatio
mentis, seh' er mich an, was soll er thun, Erbs[ch]en
[Er] essen, dann Hammelfl⟨ei⟩sch essen, sein Gewehr
putzen, das weiß er Alles u. da zwisschen di⟨e⟩ fixen
Ideen, die Vermengung, das ist brav Wo⟨y⟩zeck er be-   10
kommt ei|n|en| Groschen Zulage di⟨e⟩ Woche, meine
Theorie, meine neue Theorie, [ich] kühn, ewig jugendlich. W⟨oy⟩zeck, ich werde unsterblich. Zeig' er seinen
Puls! ich muß ihm morgens u. Abends den Puls fühlen.

⟨H 2,7⟩   15

Straße.

Hauptmann. Doctor.

{Hauptmann keucht di⟨e⟩ Straße herunter, hält, an,
keucht, sieht sich um)}

Hauptmann. Wohin so eilig geehrtester H⟨err⟩ Sarg-   20
nagel?

Doctor. Wohin so langsam geehrt⟨e⟩ster H⟨err⟩ Exercirzagel.

Hauptmann Nehmen Sie Sich Zeit werstester Grabstein.   25

Doctor. Ich stehle meine Zeit nicht, wie sie werthester

—— ⟨ARBEITSLÜCKE VON KNAPP EINER LEERZEILE⟩

Hauptmann.   Laufen Sie ni⟨c⟩ht so H⟨err⟩ Doctor ein
    guter Mensch geht nicht so schnell Hähähä, ein guter
    Mensch (schnauft) ein guter Mensch, sie hetzen sich ja
    hinter dem Tod drein, sie machen mir ganz Angst.
5 Doctor.   Pressirt, H⟨err⟩ Hauptmann, pressirt,
Hauptmann.   H⟨err⟩ Sargnagel, sie schleifen sich ja so
    ihre kleinen Beine ganz auf dem Pflaster ab. [+→]Reiten
    Sie doch nicht auf ihrem Stock in die Luft.
Doctor.   [Gute Frau,] [s→]Sie ist in 4 Woch⟨en⟩ todt,
10 |ein|via| c|ancer||o|u|nnus| aquaticus, im siebenten
    Monat, ich hab' schon 20 solche Patienten gehabt, in
    4 Wochen richt sie sich danach [u. daß ich]
Hauptmann.   H⟨err⟩ Doctor, erschrecken sie mich nicht,
    es sind schon Leute am Schreck gestorben, am puren
15 hellen Schreck,
Doctor.   In 4 Wochen, dummes Thier, sie giebt ein in-
    t⟨ere⟩ssant⟨e⟩s Präparat. Ich sag ihr, 4 ⟨ARBEITSLÜCKE
    BIS ZEILENENDE⟩
Hauptmann.   Daß dich das Wetter, ich halt sie b⟨e⟩ym
20 Flügel ich lasse sie nicht
    Teufel, 4 Wochen? H⟨err⟩ D Doctor, Sargnagel, Tod-
    tenhemd, ich so lang ich da bin 4 Wochen, und di⟨e⟩
    Leute Citronen in den Händen, aber sie werden sagen,
    {er war} ein guter Mensch, ein guter Mensch.
25 Doctor.   Ey guten Morgen H⟨err⟩ Hauptmann [fast
    hätt' ich sie nicht bemerkt,] (den Hut u. Stock schwin-
    gend) Kikeriki+! Freut mich! Freut mich! (hält ihm den
    Hut ihn) was ist das H⟨err⟩ Hauptmann, das ist Hohl-
    kopf? [Ist das scharf] Hä?
30 Hauptmann.   (macht eine Fallte)   Was ist das H⟨err⟩
    Doctor, das ist eine Einfalt! Hähähä! Aber nichts für
    ungut. Ich bin ein guter Mensch – aber ich kann

auch wenn ich will H⟨err⟩ Doctor, hähähä, wenn ich
will. H|a|e| Wo⟨y⟩zeck, was hetzt er sich so an mir
vorb⟨e⟩y. Bleib er doch Wo⟨y⟩zeck, er laüft ja wie ein
offneſ Raſirmeſſer durch die Welt, man schneid⟨e⟩t sich
an ihm, er laüft als hätt er ein Regiment Kosack⟨en⟩ zu   5
raſiren u. würde gehenkt über dem letzten Haar nach einer Viertelſtunde – aber, über di⟨e⟩ langen Bärte, was +
wollt ich doch sagen? W⟨oy⟩zeck – die langen Bärte

Doctor. Ein langer Bart unter dem Kinn, schon Plinius spricht davon, man muß es den Soldaten abgewöh-   10
nen, d|ie|u|, d|ie|u|,

Hauptmann (fährt fort) Hä? über die langen Bärte?
Wie is Wo⟨y⟩zeck hat er noch nicht ein Haar aus einem
Bart in seiner Schüssel gefunden,? He [Wo] er versteht
mich doch, ein [Bart] {Haar} von einem+ Menschen,   15
vom Bart eines Sapeurs, eines Unterofficiers, eineſ – eines
Tambourmajors? He Wo⟨y⟩zeck? Aber Er hat eine brave
Frau. Geht ihm nicht wie andern.

W⟨oy⟩z⟨ec⟩k. Ja wohl! Was wollen Sie sagen H⟨err⟩
Hauptmann?   20

Hauptmann. Was der Kerl ein Gesicht macht! er
st+kt +++++++st++++, in den Himmel nein, m+uß
n+un auch nicht in d|er|ie| Suppe, aber wenn er sich
eilt und um di⟨e⟩ Eck geht, so kann er vielleicht noch
auf Paar Lippen ei|n|ne|s finden, ein Paar Lippen,   25
[+→]W⟨oy⟩z⟨ec⟩k, ich habe wied⟨er⟩ die Liebe gefühlt,
Wo⟨y⟩zeck.
[[W→]H] Kerl er ist ja kreideweiß.

W⟨oy⟩z⟨ec⟩k. Herr, Hauptmann, ich bin ein armer Teufel, – und hab sonst nichts – auf der Welt H⟨err⟩   30
Hauptmann, wenn |S|s|ie Spaß machen –

Hauptmann. Spaß ich, daß dich Spaß, Kerl!

Doctor.   Den Puls Wo⟨y⟩zeck, den Pulz, klein, hart
hüpfend, ungleich.
W⟨oy⟩z⟨ec⟩k.   H⟨err⟩ Hauptmann, [+++ die Höll' ist so
b+++] die Erd ist höllenheiß, mir eiskalt, eiskalt, die
5 Hölle ist kalt, wollen wir wetten.
Unmöglich. Mensch! Mensch! unmöglich.
Hauptmann   Kerl, will er erscho|ß|ss|, will ein Paar Ku-
gel⟨n⟩ vor den Kopf hab⟨en⟩ er ersticht mich mit seinen
Augen, und ich mein es gut ihm, weil er ein guter
10 Mensch ist W⟨oy⟩z⟨ec⟩k, ein guter Mensch.
Doctor.   Gesichtsm⟨us⟩k⟨e⟩ln starr, g⟨e⟩spannt, zuweilen hüpfend, [halt] Halt⟨un⟩g aufgericht g⟨e⟩spannt.
W⟨oy⟩z⟨ec⟩k.   Ich geh! Es ist viel möglich. Der
Mensch! es ist viel m⟨ö⟩glich.
15 Wir haben schön Wetter H⟨err⟩ Hauptmann
[Hauptmann.] Sehn, sie so einen schönen, festen grauen
Himmel, man könnte Lust bekomm⟨en⟩, einen Kloben hineinzuschlagen und sich daran zu hängen, nur
w⟨e⟩gen des Gedank⟨en⟩strichels zwischen Ja, und nein ja
20 – und nein, H⟨err⟩ H. Hauptmann ja und nein? Ist das
nein am ja oder das ja am nein Schuld. Ich will drüber nachdenken.
(geht mit breiten Schritten ab erst langsam dann
im⟨mer⟩ schneller)
25 Doctor.   H schießt ihm nach   Phänomen, W⟨oy⟩zeck,
Zulag⟨e⟩.
Hauptmann.   Mir wird ganz schwindlich vo|r|n| den
Menschen, wie schnell, der lange Schlegel greift aus, es
läuft [wie ein la] d. Schatten von einem Spinnenbein,
30 und der Kurze, das zuckelt. Der lange ist der Blitz u.
der kleine d. Donn⟨er⟩. Hähä, hinterdrein. [Ic→]Das
hab' ich nicht gern! ein guter Mensch ist dankbar u.

hat sein Leben lieb, ein guter Mensch hat keine courage nicht! ein Hundsfott hat courage! {Ich bin blos
in Krieg |g⟨an⟩gen|g⟨e⟩gan⟨gen⟩| um mich in meiner Liebe
zum Leben zu befestigen. Von d. [+→]Angst zur
++++, von da zum Krieg von da zur courage, wie man   5
zu so G⟨e⟩dank⟨en⟩ kommt, grotesk! grotesk!}

⟨H 2,8⟩

W⟨oy⟩zeck, Louisel.

Louisel. Guten Tag Franz.
Franz (sie b⟨e⟩trachtend) |A|Ac|h bist du's noch! Ey   10
wahrhaftig! nein man siehst nichts, man müßt's doch
sehen! Louisel du bist schön!
Louisel. Was siehst du so sond⟨er⟩bar Franz, ich fürcht
mich.
Franz. Was n'e schöne Straße, man laüft sich Leich-   15
dörn, es ist gut auf der Gasse stehn, und in Gesellschaft auch gut.
Louisel. [Es+→]Gesellschaft?
Franz. Es gehn viel Leut durch di⟨e⟩ Gasse{,}[?] nicht
wahr und du kannst reden mit wem du willst, was   20
geht das mich! Hat er da g⟨e⟩stand⟨en⟩? da? da?
|Und|Nahe| so b⟨e⟩y dir? so? Ich wollt ich wäre er
gewesen.
Louisel. Ey Er? Ich kann di⟨e⟩ Leute [nicht] di⟨e⟩
Straße nicht verbieten u. machen, d⟨a⟩ß sie ihr Maul   25
[nicht] mitnehmen wenn sie durchgehn,
Franz. Und die Lippen nicht zu Haus lassen Es wär
Schade sie sind so schön? Ab⟨er⟩ die Wespen setzen
ich gern drauf.

L o u i s e l. Und was ne Wiesp hat dich g⟨e⟩stochen, du
siehst so verrückt wie n'e Kuh, di⟨e⟩ die Hornissen ja-
g⟨en⟩.

F r a n z. Mensch! (geht auf sie los)

5 L o u i s e l. Rühr mich an Franz! Ich hätt lieber {ein}
Messer in den Leib, als deine Hand auf meiner. Mein
Vater hat mich nicht angreifen gewagt, wie ich 10 Jahr
alt war, wenn ich ihn ansah.

[F→] W ⟨o y⟩ z ⟨e c⟩ k. Weib! – Nein es müßte was an dir
10 s⟨e⟩yn! J⟨e⟩der Mensch ist ein Abgrund, es schwindelt
einem, wenn man hinabsieh[st]t. Es wäre! Sie geht wie
di⟨e⟩ Unschuld. Nein Unschuld du hast ein Zeichen
an dir. Weiß ich's? Weiß ich's? Wer weiß es?

⟨H2,9⟩

15   L o u i s e l, (a l l ein.) G e b e t.

        ⟨VERMUTLICH FEDERPROBE:⟩ +++++++

[⟨ARBEITSNOTIZ:⟩] La corruption du siècle est parvenue
à ce point, que pour maintenir la moral]
Und ist kein Betrug in seinem Munde erfunden.
20 Herr Gott!

⟨ZWEI DRITTEL DER SEITE UND DIE RESTLICHEN DREI
    SEITEN DES DOPPELBLATTS UNBESCHRIEBEN⟩

⟨*QUARTBLATT H 3*⟩

⟨*H 3,1*⟩

Der Hof des Prossors.

Studenten unten, der Professor am
Dachfenster.   5

Meine Herren, ich bin auf dem Dach, wie David, als er
die Bathseba sah,,; aber ich sehe nichts als die culs de
Paris der Mädchenpension im Garten trocknen. Meine
Herren wir sind an der wichtigen Frage über das Verhältniß d⟨e⟩s [Individuums] {Subjectes} zum [Object]   10
{Object}, wenn wir nur ei|ne|n|s von d. Dingen neh-
men, worin d. organische Selbstaffirmation d. Göttlichen, auf einem d. hohen Standpunkte manifestirt u.
Ihre Verhältnisse zum Raum [un], zur Erde, zum
Planetarischen untersuchen, meine Herren, wenn ich   15
dieße Katze zum Fenster hinauswerf⟨e⟩, wie wird
d⟨ie⟩ße Wesenheit sich zum centrum gravitationis u. d.
eigenen Instinct verhalten. H|e|o| Wo⟨y⟩zeck, (brüllt)
Wo⟨y⟩zeck!

Wo⟨y⟩zeck. H⟨err⟩ Professor sie beißt.   20

Prossor. Kerl, er greift di⟨e⟩ Bestie so zärtlich an, als
wär's seine Großmutter.

W⟨oy⟩zeck H. Doctor ich hab's Zittern.

Doctor. [Ey,] (ganz erfreut) Ey, Ey, schön Wo⟨y⟩zeck.
(reibt sich d. Hände) (Er nimmt die Katze.) Was seh'   25
ich meine Herren, di⟨e⟩ neue Species H|ühner|asen|laus,
eine schöne Spezies, wesentlich verschieden, enfoncé,
d|er|a| H⟨err⟩ Doctor (er zieht eine Loupe heraus) Ri-

cinus, meine Herren – (die Katze laüft fort.) Meine Herren, das Thier hat keinen wissenschaftlichen Instinct,
Ricinus, herauf, die schönsten Exemplare, bringen sie
ihre Pelzkr|a|ä|gen [m+→]Meine Herren, sie können
5   dafür was anderes sehen, seh|en|n| sie der Mensch, seit
einem Vierteljahr ißt er nichts als Erbsen, be|merk-
ten|ackte| sie di⟨e⟩ Wirkung, fühlen sie einmal was ein
ungleicher Puls, da u. die Augen.

Wo⟨y⟩zeck. (H⟨err⟩ Doctor es wird mir dunkel. [(]Er
10   setzt sich.)

Doctor. Courage Wo⟨y⟩zeck noch ein Paar Tage, u.
dann ist's fertig, fühlen sie meine Herrn fühlen sie,
([d→]sie b⟨e⟩staten ihm Schläfe, Puls u. Busen)
à propos, [b→]Wo⟨y⟩zeck, beweg den Herren doch ein-
15   mal die Ohren, ich hab [dir's] es Ihnen schon zeigen
wollen, Zwei Muskeln sind b⟨e⟩y ihm thätig. Allon
frisch!

Wo⟨y⟩zeck. Ach H⟨err⟩ Doctor!

Doctor. B⟨e⟩stie, soll ich dir die Ohren bew⟨e⟩gen;
20   willst du's machen wie die Katze. So meine Herrn,
das sind so Uebergänge zum Esel, häufig auch in
Folge weiblicher Erziehung, u. die Muttersprache,
Wieviel Haare hat dir d|eine|ie| Mutter zum Anden-
ken schon ausgerissen aus Zärtlichkeit. Sie sind dir ja
25   ganz dünn geworden, seit ein Paar Tagen, ja die Erbsen,
meine Herren.

⟨H3,2⟩

D. Idiot. D. Kind.
Wo⟨y⟩zeck.

Karl (hält das Kind vor sich auf d. Schooß)   Der
   i[st→]s ins Wasser gefallen, der in'[s→]s ins Wasser   5
   gefallen, |nein|wie|, der is in's Wasser gefallen.
Wo⟨y⟩zeck. Bub, Christian,
Karl (Sieht in starr[)→]an) Der is in's Wasser gefallen,
Wo⟨y⟩z⟨ec⟩k. (will das Kind liebkosen, es wendet sich
   w⟨e⟩g u. schreit) Herrgott!   10
Karl Der is in's Wasser gefallen.
[K→]Wo⟨y⟩zeck. Christianch⟨en⟩, du b⟨e⟩[s→]kommst
   en Reuter, [(] sa sa. (das Kind wehrt sich) (zu Karl)
   Da[s] kauf d. Bub en Reuter,
Karl (sieht in [S→]starr an)   15
Wo⟨y⟩zeck. Hop! hop! Roß.
Karl ([s+→]jauchzend) Ho[ch→]p! hop! Roß! Roß
   ({()laüft mit d. Kind weg.)

⟨*QUARTHANDSCHRIFT H 4*⟩

⟨*H 4,1*⟩

Freies Feld. Die Stadt in der Ferne.

Woyzeck u. Andres schneiden Stöcke im
5   Gebüsch.

Woyzeck. Ja Andres; den Streif da über das Gras
hin, da rollt Abends der Kopf, es hob ihn einmal einer auf, er meint es wär' ein Igel. Drei Tag und drei
Nächt und er lag auf den Hobelspänen (leise) An-
10   dres, das waren die Freimaurer, ich hab's, die Freimaurer, still!
Andres (singt)
            Saßen dort zwei Hasen
            Fraßen ab das grüne, grüne Gras
15 Wo⟨y⟩zeck. Still! Es geht! {was!} [Hohl da unten, Alles hohl.]
Andres
            F{r}aßen ab das grüne, grüne Gras
            Bis auf den Rasen.
20 Wo⟨y⟩zeck. Es geht hinter mir, unter mir (stampft
auf d. Boden) hohl, hörst du? Alles hohl da unten.
{Die Freimaurer!}
Andres. Ich fürcht mich.
Woyzeck. S'ist so kurios still. Man möcht den
25   Athem halten. Andres!
Andres. Was?
Woyzeck. Red was! (starrt in die Gegend.) Andres!
Wie hell! Eine [Flamme] {Feuer} fährt um den Him-

Der Beginn der Quarthandschrift H4; verkleinerter Ausschnitt (s. S. 145)

mel und ein Getös herunter wie Posaunen.
[F→]Wie's heraufzieht! Fort. Sieh nicht hinter di⟨c⟩h
(reißt ihn in's Gebüsch)
[Wo⟨y⟩zeck] {Andres} (nach einer Pause) [Andres]
5 {Wo⟨y⟩zeck}! hörst' du's noch?
[Andres.] {Wo⟨y⟩zeck.} Still, Alles still, als wär die
Welt todt.
Andres. [Doch!] [S→]Hörst du? Sie trommeln drin.
Wir müssen fort.

10 ⟨H 4,2⟩

Marie (mit ihrem Kind am Fenster)
Margreth.

Der Zapfenstreich geht vorb⟨e⟩y,
der Tambourmajor {voran}.

15 Marie (das Kind [W→]wippend auf d. Arm.)   He
Bub! Sa ra ra ra! Hörst? Da kommen sie
Margreth. Was ein Mann, wie ein Baum.
Marie. Er steht auf seinen Füßen wie ein Löw.
(Tambourmajor grüßt.)
20 Margreth. Ey, was freundliche Auge, Frau Nachba-
rin, so was is man an ihr nit gewöhnt.
Marie. (singt)
Soldaten, das sind schöne Bursch

⟨ARBEITSLÜCKE VON EIN BIS ZWEI LEERZEILEN⟩

25 Margreth. Ihre Auge glänze ja noch.
Marie. [Was g] Und wenn! Trag sie ihr Auge zum

Jud und laß sie sie putze[n,], vielleicht glänze sie
noch, daß man sie für zwei Knöpf verkaufe könnt.

Marg⟨re⟩th. Was Sie? Sie? Frau Jungfer, ich bin eine
honette Perso+n, aber sie, sie guckt 7 Paar lederne
Hose durch.   5

Marie[(→].   Luder! (schlägt das Fenster durch.)
Komm mein Bub. Was die Leut wollen. Bist doch
nur en {arm} Hurenkind und machst deiner [Freu]
Mutter Freud mit deim unehrliche Gesicht. Sa! Sa!
(singt.)   10

> Mädel, was fangst du jezt an
> Hast ein klein Kind und kein Mann
> Ey was frag ich danach
> Sing ich d[en→]ie ganze Nacht
> Heyo popeio mein Bu. Juchhe!   15
> Giebt mir kein Mensch nix dazu.
>
> Hansel spann deine sechs Schimmel an
> Gieb ihn zu fresse auf's neu
> Kein Haber fresse sie
> Kein Wasser saufe sie   20
> Lauter kühle Wein muß es s⟨e⟩yn Juchhe
> Lauter kühle Wein muß es s⟨e⟩yn.
>   (es klopft am Fenster)

Marie. Wer da? Bist du's Franz? Komm herein!

Wo⟨y⟩zeck. Kann nit. Muß zum Verles.   25

Marie. Was hast du Franz?

Wo⟨y⟩zeck. (geheimnißvoll) Marie, es war wieder
was, viel, [+++ sch++ u +++] {steht nicht g⟨e⟩schrie-
ben, und sieh da ging ein Rauch vom Land, wie der
Rauch vom Ofen?}   30

Marie. Mann!

Woyzeck. Es ist hinter mir [her]g(e)gangen bis vor
die Stadt. Was soll das werden?

Marie. Franz!

Wo⟨y⟩zeck. Ich muß fort (er geht.)

5 Marie. Der Mann! So vergeistert. Er hat sein Kind
nicht angesehn. Er schnappt noch über m+it den
Gedanken. Was bist so still, Bub? Furchst' Dich? Es
[ist] wird so dunkel, man meint, man wär blind.
Sonst scheint {d} [d→]als d. Latern herein. [Ich muß
10 fort] {ich hal's ni+cht aus. Es schauert mich.} (geht
ab)

⟨H4,3⟩

Buden. Lichter. Volk.

⟨ARBEITSLÜCKE VON EINEINHALB LEERSEITEN⟩

15 ⟨H4,4⟩

Marie sitzt,
ihr Kind auf dem Schooß,
ein Stückchen Spiegel in der Hand.

{(b⟨e⟩spiegelt sich)}   Was die Steine glänzen! Was
20 sind's für? Was hat er gesagt? – Schlaf Bub! Drück
die Auge zu, fest, [n→](das Kind versteckt die Augen hinter den Händen) noch fester, bleib so, still
oder er holt dich (singt)

Mädel mach's Ladel zu
25 S' kommt e Zigeunerbu
Führt dich an deiner Hand
Fort in's Zigeunerland.

(spiegelt sich wieder) S'ist gewiß Gold[?→]! [Wie
wird mir's b⟨e⟩ym Tanz stehn?] Unsereins hat nur ein
Eckchen in der Welt und ein Stückchen Spiegel und
doch hab' ich {einen} so rothe [Lippen] {Mund} als
die großen Madamen mit ihren Spiegeln von oben   5
bis unten und ihren [H→]schönen Herrn, die ihnen
die Händ' küssen; [++] ich bin nur ein arm Weibsbild. – (das Kind richtet sich auf) Still Bub, die Auge
zu, das Schlafengelchen[,→]! [sieh'st,] wie's an der
Wand läuft (sie blinkt mit dem Glas) die Auge zu,   10
oder es sieht dir hinein, daß du blind wirst. [Zu Mit-
tag |m|w|]

    (Woyzeck tritt herein, hinter sie. Sie fährt auf
    [u. verste] mit d. Händen nach d. Ohren)

Woyzeck. Was hast du?   15
Marie. Nix.
Wo⟨y⟩zeck. Unter deinen Fingern glänzt's ja.
Marie. Ein Ohrringlein; hab's gefunden[+→].
Woyzeck. Ich hab' so noch nix gefunden, Zwei auf
    einmal.   20
Marie. [Was willst du?] Bin ich ein Mensch?
Woyzeck. S'ist gut, Marie. – Was der Bub schläft.
    Greif' ihm unter's Aermchen, der Stuhl drückt ihn.
    [Ueber seine glatten Backen laüft] Die hellen Tropfen
    steh'n ihm auf der Stirn; Alles Arbeit unter d. Sonn, 25
    sogar Schweiß im Schlaf. Wir arme Leut! Das is wie-
    der Geld Marie, d. Löhnung und was von mein'm
    Hauptmann.
Marie. Gott vergelt's Franz.
Woyzeck. Ich muß fort. Heut Abend, Marie.   30
    Adies.
Marie (allein[.]) nach einer Pause) ich bin doch ein

schlecht Mensch. Ich könnt' mich erste{c}hen. –
Ach! Was Welt? Geht doch Alles zum Teufel, Mann
u. Weib.

⟨H 4,5⟩

5   Der Hauptmann. Woyz⟨ec⟩k.

          Hauptmann auf einem Stuhl,
          Woyzeck rasirt ihn.

Hauptmann.   Langsam, Woyzeck, langsam; ein's
nach d. andern; [er +++ h++++al] [e→]Er macht mir
10   ganz schwindlich. Was soll ich dann mit den zehn
Minuten anfangen, die er heut zu früh fertig
wird[!→]? Wo⟨y⟩zeck, bedenk' er, er hat noch seine
schöne dreißig Jahr zu leben, dreißig Jahr[+→]!
macht 360 Monate, und Tage, [Minuten,] Stunden,
15   Minuten! Was will er denn mit der ungeheuren Zeit
all anfangen[;→]? Theil er sich ein, Woyzeck.
Woyzeck.   Ja wohl, Herr Hauptmann.
Hauptmann.   Es wird mir ganz angst um die Welt,
wenn ich an die Ewigkeit denke Be[st→]schäfti-
20   gung, Wo⟨y⟩zeck, B⟨e⟩schäftigung[.→]! ewig das ist
ewig, das ist ewig, das [d→]siehst du ein; nun ist es
aber wieder nicht ewig und das ist ein Augenblick,
ja, ein Augenblick[,] – Wo⟨y⟩zeck, es schaudert mich,
wenn ich denk, daß sich die Welt in einem Tag her-
25   umdreht, was eine Zeitverschwendung, wo soll das
hinaus? Wo⟨y⟩zeck, ich kann kein Mühlrad mehr
sehn, oder ich werd' melancholisch.
Wo⟨y⟩zeck.   Ja wohl, H⟨err⟩ Hauptmann.

Hauptmann. Wo⟨y⟩zeck, er sieht immer so [versetz]
   verhetzt aus, Ein guter Mensch thut das nicht, ein
   guter Mensch, der sein gutes Gewissen hat. – Red'
   e[+→]r [+→]doch was Woyzeck. Was ist heut für
   Wetter?   5
Wo⟨y⟩zeck.   Schlimm, Herr Hauptmann, schlimm;
   Wind.
Hauptmann.   Ich spür's schon, s'ist so was Ge-
   schwindes {draußen}; so ein Wind macht mir d. Effect wie eine Maus. (pfiffig) Ich glaub' wir haben so   10
   was aus Süd-Nord.
Wo⟨y⟩zeck. Ja wohl, H⟨err⟩ Hauptmann.
Hauptmann. Ha! ha! ha! Süd-Nord! Ha! Ha! Ha! O
   er ist dumm, ganz abscheulich dumm. {(gerührt)}
   Wo⟨y⟩zeck, er ist ein guter Mensch, ein guter   15
   Mensch[.→] – aber (mit Würde) Wo⟨y⟩zeck, er hat
   keine Moral! Moral das ist wenn man moralisch ist,
   versteht er. Es ist ein gutes Wort. Er hat ein Kind,
   ohne den Segen der Kirche, wie unser hochehrwürdiger H⟨err⟩ Granisonsprediger sagt, ohne den Segen 20
   d. Kirche, es ist nicht von mir.
Woy+zeck. Herr Hauptmann, der liebe Gott wird
   den armen Wurm nicht drum ansehn, ob das Amen
   drüber gesagt ist, eh' er gemacht wurde. Der Herr
   sprach: lasset die Kindlein zu mir kommen.   25
Hauptmann.   Was sagt er da? Was ist das für
   |n'e|eine| kuriose Antwort? Er macht mich ganz
   confus mit seiner Antwort. Wenn ich sag: er, so
   [mein'] {mein} ich ihn, ihn,
Woyzeck.   Wir arme Leut. Sehn sie, Herr Haupt-   30
   mann, Geld, Geld. Wer kein Geld hat. Da setz einmal einer sein'sgleichen [auf die moralische Art] {auf

die Moral} in die* Welt. Man hat auch sein Fleisch
und Blut. Unsereins ist doch einmal unseelig in der
und der andern Welt, ich glaub' wenn wir in Himmel kämen, so müßten wir donnern helfen.

5 Hauptmann. Wo⟨y⟩zeck er hat keine Tugend, er ist
kein tugendhafter Mensch Fleisch u. Blut? Wenn
ich am Fenster lieg, wenn' es geregnet hat und den
weißen Strümpfen so nachsehe, wie sie über die
Gassen springen, – verdammt Wo⟨y⟩zeck, – da
10 kommt mir die Liebe. {Ich hab auch Fleisch u. Blut}
Aber Wo⟨y⟩zeck, die Tugend, die Tugend! Wie sollte
ich dann die Zeit herumbringen[,→]? ich sag' mir
immer du bist ein tugendhafter Mensch, (gerührt)
ein guter Mensch, ein guter Mensch.

15 Wo⟨y⟩zeck. Ja Herr Hauptmann, die Tugend! ich
hab's noch nicht so aus. Sehn, Sie[, ein] [{wi}] {wir}
gemeinen Leut, das hat keine Tugend, es kommt einem nur so die Natur, [+] aber wenn ich ein [vor-
nehmer] Herr wär und hätt ei|n|nen| [+] Hut {u. eine
20 Uhr} und eine anglaise {und könnt vornehm reden},
ich wollt schon tugendhaft seyn [u. hätt mich copu-
liren lassen in der Kirch' mit Chaise u. Pferd]. Es
muß was Schö|n|ne|s s⟨e⟩yn um die Tugend, Herr
Hauptmann. Aber ich bin ein [arm'→]armer Kerl.

25 Hauptmann. Gut Wo⟨y⟩zeck. Du bist ein guter
Mensch, ein guter Mensch. Aber du denkst zuviel,
das zehrt, du siehst immer so verhetzt aus. Der Diskurs hat mich ganz angegriffen. Geh' jezt u. renn

---

* *Der Satz schwebt durch die inkonsequente Korrektur semantisch und
grammatisch unentscheidbar zwischen seinem ursprünglichen Inhalt
(seine Kinder moralisch = ehelich in die Welt setzen) und dem erkennbaren neuen Sinn (auf die Moral in der Welt bauen).*

nicht so; langsam hübsch langsam die Straße hinunter.

⟨*EIN DRITTEL DER SEITE UNBESCHRIEBEN*⟩

⟨*H 4,6*⟩

                    Marie. Tambour-Major.   5

Tambour-Major. Marie!
Marie, (ihn ansehend[)→], mit Ausdruck.) [Mann!–]
    Geh' einmal vor dich hin. – Ueber die Brust wie ein
    Stier u. ein Bart wie ein Löw .. So ist keiner .. Ich bin
    stolz vor allen Weibern.   10
Tambour-M[j→]ajor. Wenn ich am Sonntag erst
    den großen Federbusch hab' u. die weißen Hand-
    schuh, Donnerwetter, Marie, der Prinz sagt immer:
    Mensch,+ er ist ein Kerl.
Marie, {(spöttisch)} Ach was! (tritt vor ihn hin.) 15
    Mann!
Tambour-Major. Und du bist auch ein Weibsbild,
    Sapperment, wir wollen eine Zucht von Tambour-
    Major's anlegen. He? (er umfaßt sie)
Marie. {(verstimmt)} La[+→]ß. mich!   20
Tambourmajor. Wild[+] Thier.
Marie (heftig) Rühr mich an!
Tambour. Sieht dir der Teufel aus d. Augen?
Marie. Meinetwegen. Es ist Alles eins.

⟨*EIN DRITTEL DER SEITE UNBESCHRIEBEN*⟩   25

⟨*H 4,7*⟩

Marie. Woyzeck.

Franz. (sieht sie starr an, schütelt d. Kopf.)   Hm!
[Man müßt's seh|en|n|, wahrhaftig man] Ich seh
5   nichts, ich seh nichts. O, man müßt's sehen, man
mü+ßt's greifen können mit Fäusten.

Mari⟨e⟩. (verschüchtert)   Was hast du Franz? Du bist
{hirn}wüthig. {Franz.}

Franz. Eine Sünde so dick und so breit. (Es stinkt daß
10   man die Engelchen zum Himmel hinaus räuchern
könnt.) Du hast einen rothen Mund, Marie. Keine
Blas|en|e| drauf? {Adieu, Marie, du bist schön wi⟨e⟩ die
[T→]Sünde – Kann di⟨e⟩ Todsünde so schön s⟨e⟩yn?}

Marie. Franz, du [thust] red'st im Ficber.

15   Franz. Teufel! – Hat er da gestanden, so, so?

Marie   [+→]Dieweil d. Tag lang u. d. Welt alt ist, kön-
nen viel Menschen an einem Platz steh|en|n|, einer nach
d. andern.

[F→]Woyzeck. Ich hab ihn gesehn.

20   Marie. Man kann viel sehn, wenn {man 2 Augen hat u.}
man nicht blind ist u. die Sonn scheint.

Wo⟨y⟩z⟨ec⟩k. |M|W|i++ s+++ A++

Marie. {(keck)}   Und wenn auch.

⟨*EIN FÜNFTEL DER SEITE UNBESCHRIEBEN*⟩

⟨H 4,8⟩

Woyzeck. D. Doctor.

Doctor.   Was erleb' ich Woyzeck? Ein Mann von
Wort.

Wo⟨y⟩zeck.   Was denn Herr Doctor?   5

Doctor.   Ich hab's gesehn Wo⟨y⟩zeck; er hat auf [die]
Straß gepißt, an die Wand gepißt wie ein Hund. Und
doch 2 Gro[ß→]schen täglich. [D→]Wo⟨y⟩zeck das
ist schlecht, die Welt wird schlecht, sehr schlecht.

Wo⟨y⟩zeck.   Aber H⟨err⟩ Doctor, wenn einem die Na-   10
tur kommt.

Doctor.   Die Natur kommt, die Natur kommt! Die
Natur! Hab' ich nicht nachgewiesen, daß der
mu+sculus constrictor vesicae dem Willen unterworfen ist? Die Natur! Wo⟨y⟩zeck, der Mensch ist   15
frei, in dem Menschen verklärt sich die Individualität zur Freiheit. Den Harn nicht halten können!
(schüttelt den Kopf, legt die Hände auf den Rücken
u. geht auf u. ab) Hat er schon seine Erbsen gegess-
sen, Wo⟨y⟩zeck? – Es giebt eine Revolution in der   20
Wissenschaft, ich sprenge sie in die Luft. Harnstoff,
0,10, salzsaures Ammonium, Hyperoxydul.
Wo⟨y⟩zeck muß er nicht wi⟨e⟩der pissen? geh' er einmal hinein u. probir er's.

Wo⟨y⟩zeck.   Ich kann nit H⟨err⟩ Doctor.   25

Doctor (mit Affect)   Aber auf die Wand pissen! Ich
hab's schriflich, den Akkord in der Hand Ich hab's
gesehn, mit dießen Augen gesehn, ich streckte grade
die Nase zum Fenster hinaus u. ließ die Sonnenstah-
len hinein fallen, um das Niesen zu beobachten,   30
[denn die Sonne schien grade zufällig einmal wi⟨e⟩-

der.] (tritt auf ihn lo+s) Nein Wo⟨y⟩zeck, ich
ärg|ere|re| mich nicht, Aerg|er|ern| ist ungesund, ist
unwissenschaflich [(]. Ich bin ruhig aganz ruhig, mein
Puls hat seine gewö[n→]hnlichen 60 und ich sag's ihm
5 mit der grösten Kaltblütigkeit! Behüte wer wird
sich über einen Menschen ärgern, einen Menschen!
Wenn es noch ein proteus wäre, der einem krekript!
Aber er hätte doch nicht an die Wand pissen sollen –
10 W ⟨oy⟩zeck. Sehn sie H⟨err⟩ Doctor, manchmal hat man
so n'en Character, so n'e Structur. – Aber mit der
Natur ist's was andres, sehn sie mit der Natur (er
kracht mit den Fingern) das ist so was, wie soll ich
doch sagen, z. B.
15 Doctor. Wo⟨y⟩zeck, er philosophirt wi⟨e⟩der.
Wo⟨y⟩zeck, (vertraulich.)   H⟨err⟩ Doctor haben
[S→]sie schon was von d. doppelten Natur gesehn?
[W+] Wenn die Sonn i|m|n| Mittag stcht u. es ist als
ging d. Welt im Feuer auf hat [sie's] schon eine fürch-
20 terliche Stimme [zu ihnen geredet? –] zu mir gered⟨e⟩t!
Doctor. Wo⟨y⟩zeck, er hat eine aberratio
W⟨oy⟩zeck, (legt d. Finger an d. Nase)   Die
Schwämme H⟨err⟩ Doctor. Da, da steckts. Haben sie
schon gesehn in was für Figuren [in→]die Schwämme
25 [in→]auf d. Boden wachsen? Wer das lesen könnt.
[Wo⟨y⟩zec] Doctor. Woyzeck er hat die schönste
aberratio, {mentalis partialis,} [er thut] +d.
zweit|e|en| Species, sehr schön ausg⟨e⟩prägt, Wo⟨y⟩-
zeck er kriegt Zulage. Zweit|e|er| species, fixe Idee,
30 [ide+] mit allgemein [Zust] vernünftigem Zustand, er
thut noch Alles wie sonst, rasirt seinen Hauptmann.
Wo⟨y⟩z⟨ec⟩k. Ja, wohl.

[I→]D o c t o r. Ist seine Erben?

W o ⟨y⟩ z ⟨ec⟩ k. Immer ordentlich H. Doctor. Das Geld
für di⟨e⟩ menage kriegt |die|meine| Frau.

D o c t o r. Thut sei⟨nen⟩ Dienst,

W o ⟨y⟩ z ⟨ec⟩ k. Ja wohl.   5

D o c t o r. Er ist ein inssanter casus, {Subject} Wo⟨y⟩-
z⟨ec⟩k er kriegt Zulag⟨e⟩. Halt er sich brav. |Z|z|eig er
sei⟨nen⟩ Puls! Ja.

⟨*EIN DRITTEL DER SEITE UNBESCHRIEBEN*⟩

⟨*H 4,9*⟩   10

Hauptmann. Doctor.

{H a u p t m a n n.} H⟨err⟩ Doctor, die Pferde [+→]machen
m+ir ganz Angst, wenn ich denke, daß die armen
Bestien zu Fuß gehn müssen. Rennen Sie nicht so.
Rudern Sie mit ihrem Stock nicht so in der Luft. Sie   15
hetzen sich ja hinter d. Tod drein. Ein guter Mensch,
der sein gutes Gewissen hat, geht nicht so schnell.
Ein guter Mensch. (Er erwischt den Doctor am
Rock) H⟨err⟩ Doctor erlauben sie, d⟨a⟩ß [s+→]ich [ih-
nen das] {ein Menschen}[L→]leben rette, sie schießen   20
[unaufhal]
H⟨err⟩ Doctor, {ich bin so schwermüthig} ich habe
so was schwärmerische+s, ich muß immer weinen,
wenn ich meinen Rock an d. Wand hängen sehe, da
hängt er.   25

D o c t o r: Hm, aufgs⟨e⟩dunsen, fett, dicker Hals, apo-
plectische Constitution. Ja H⟨err⟩ Hauptmann sie
können eine apoplexia cerebralis kriechen, [auf der

recht] sie können sie ab⟨er⟩ vielleicht auch nur auf d. einen Seite bekomm⟨en⟩, u. dann auf der einen gelähmt
s⟨e⟩yn, oder aber sie können im besten Fall geistig
gelähmt werden u. nur fort veg⟨e⟩tiren, das sind so on-
5 gefähr ihre Aussichten auf d. nächst⟨en⟩ 4 Wochen.
Übrigens kann ich sie versichern, daß sie einen von den
interessanten Fällen abgeben u. wenn Gott will, daß
ihre Zunge zum Theil gelähmt wird, so machen wir
d. unsterblichsten Experimente.

10 H a u p t m a n n.   H⟨err⟩ Doctor erschrecken Sie mich
nicht, es sind schon Leute am Schreck gestorben, am
b+loßen hellen Schreck. – [+→]Ich sehe schon die
Leute mit d. Citronen [mit] in d. Händen, aber sie
werden sagen, er war ein guter Mensch, ein guter
15 Mensch – Teufel Sargnagel

D o c t o r.   Was ist das H⟨err⟩ Hauptmann[,→]? das ist
Hohlkopf!

H a u p t m a n n (macht eine Falte)   Was ist das Herr Doctor, das ist Einfalt.

20 D o c t o r.   Ich empf⟨e⟩hle mich, geehrt⟨e⟩ster H. Exercirzagel

H a u p t m a n n   Gleichfalls, b⟨e⟩ster H⟨err⟩ Sargnagel.

⟨*VERMUTLICH ARBEITSLÜCKE; DREI VIERTEL DER
SEITE UNBESCHRIEBEN*⟩

⟨H 4,10⟩

Die Wachtstube.

Woyzeck. Andres.

Andres. (singt)
>   Frau Wirthin hat n'e brave Magd   5
>   Sie sitzt im Garten Tag und Nacht
>   Sie sitzt in ihrem Garten ...

Wo⟨y⟩zeck. Andres!

Andres [W→]Nu?

Wo⟨y⟩zeck. Schön Wetter.   10

And⟨re⟩s. Sonntags|o|+|wetter. und Musik vor der Stadt. {Vorhin sind} Die [Mensch|er|en|] Weibsbilder [dämpfen] {hin}, +die Mensch|er|en| dämpfen, das geht.

Wo⟨y⟩zeck. (unruhig) Tanz, Andres, sie tanzen   15

Andres Im Rössel und im Sternen.

Wo⟨y⟩z⟨ec⟩k. Tanz, Tanz.

And⟨re⟩s. Meinetw⟨e⟩gen. [Ich hab]
>   Sie sitzt in ihr|em|en| Garten
>   bis daß das Glöcklein zwölfe schlägt   20
>   Und paßt auf die Solda – aten.

Wo⟨y⟩z⟨ec⟩k. Andres, ich hab keine Ruh.

Andres. Narr!

Wo⟨y⟩z⟨ec⟩k. Ich muß hinaus. Es dreht sich mir vor den Augen. [Tanz. Tanz. Ich h+] [Tanz,] was sie   25 heiße Händ hab⟨en⟩. V⟨er⟩dammt Andres!

And⟨re⟩s. Was willst du?

W⟨oy⟩z⟨ec⟩k. Ich muß fort.

And⟨re⟩s. Mit dem Mensch.

Wo⟨y⟩z⟨ec⟩k. Ich muß hinaus, s'ist so heiß da hie.   30

⟨H4,11⟩

Wirthshaus.

[F→][di→]D. Fenster offen, Tanz.
Bänke vor dem Haus. Burschen.

5 1.) Handwerkbursch.
Ich hab ein Hemdlein an
das ist nicht mein
Meine Seele stinkt nach Brandewein, –
{2. Hand.} Bruder, soll ich {dir} aus Freundschaft
10 ein Loch in die Natur machen? {V⟨er⟩dammt} Ich will
ein Loch in die Natur machen. Ich bin auch ein
Kerl[– →]{, du weißt, ich will ihm alle Flöh am Leib
todt schlagen.}*
1. Handw. Meine Seele, meine Seele stinkt nach Bran-
15 dewein. – Selbst das Geld geht in Verwesung über.
Verg+ißmeinnicht. Wie ist d⟨ie⟩ße Welt so schön. Bruder, ich [könnt] {muß} ein Regenfaß voll greinen.
{Ich wollt unsre Nasen wären zwei Boutllen und wir
könnten sie uns einander in den Hals gießen.}
20 {Die anderen im Chor:
Ein Jäger aus der P[l]falz,
ritt einst durch einen grünen Wald,
Halli, halloh, gar lustig ist die Jägerei
Allhier auf grüner Heid
25 Das Jagen ist mei Freud.)}**

---

* *Umfang der Texterweiterung, die zwischen* will *und* ihm *auf den Rand
übergeht, unklar; da die beiden vorhergehenden Worte* ein Kerl *mit
kräftigerer Tinte einsetzen, vielleicht ab hier.*
** *Einfügungsstelle dieser (Rand-)Ergänzung in den Text nicht markiert,
daher unsicher.*

162 Die Handschriften

(Wo⟨y⟩zeck stellt sich an's Fenster. Marie u. d.
Tambourmajor tanzen vorbey, ohne ihn zu bemerken)
M a r i e , [im→](im Vorb⟨e⟩ytanz⟨en⟩ immer, zu, immer
zu)
W o⟨y⟩z e c k. [(fährt] {(erstickt)} Imme|r|r –| zu. – immer   5
zu. (fährt heftig auf u. sin+k zurück auf die Bank)
immer zu immer zu, (schägt die Hände in einander)
dreht Euch, wälzt Euch. Warum bläst Gott nicht
So|nn|nne| aus, daß Alles in Unzucht sich übereinan-
derwälzt, Mann und Weib, Mensch u. Vieh. [Puh!]   10
Thut's am hellen Tag, thut's einem auf den Händen,
wie die Mücken. {– Weib. –}
{⟨*MÖGLICHERWEISE ARBEITSNOTIZ, VERMUTLICH
IN ARBEITSLÜCKE VON DREI BIS VIER ZEILEN UND
DURCH DREI DOPPELTE MARKIERUNGSSTRICHE AM*   15
ANFANG UND AM ENDE BESONDERS HERVORGEHO-
BEN:⟩ ‖Das Weib ist heiß, heiß! – Immer zu, immer zu,
(fährt auf) |d|D|er Kerl! Wie er an ihr herumtappt, an
ihrem Leib, er er hat sie a++ ⟨*VERMUTLICH NICHT*
TEXTZUGEHÖRIG, SONDERN, NACH TEXTABBRUCH,   20
ALS VERWEISENDE ARBEITSNOTIZ:⟩ —— zu Anfang‖}
1.) H a n d w e r k s b u r s c h+ (predigt auf dem Tisch)
Jedoch wenn ein Wand|r|er|er, der gelehnt steht an
den Strom der Zeit oder aber sich d. göttliche Weisheit beantwortet u. sich anredet: Warum ist der   25
Mensch? Warum ist der Mensch? – Aber wahrlich
ich sage {Euch}, von was hätte der Landmann, der
Weißbinder, der Schuster, der Arzt leben sollen, wenn
Gott den Menschen nicht geschaffen hätte? Von was
hätte der Schneider leben sollen, wenn er dem Men-   30
schen nicht d[as→]ie Empfindung der Schaam eingepflanzt [hätte], von was [der] Wirth {der Soldat}, wenn

er ihn nicht mit dem B⟨e⟩dürfniß [der Unmäßigkeit]
{sich todtzuschlagen} ausgerüstet hätte? Darum zweifelt {nicht}, ja, ja, es ist lieblich u. fein, aber Alles Irdische ist eitel, selbst das Geld geht in Verwesung
5   über. – Zum B⟨e⟩schluß, meine geliebten Zuhörer laßt
uns noch über's Kreuz pissen, damit ein Jud stirbt.

⟨H 4,12⟩

Frei{e}s Feld.

Wo⟨y⟩zeck.

10   Immer zu! immer zu! Still Musik. – {(reckt sich g⟨e⟩-
gen d. Bod⟨en⟩)} He was, was sagt ihr? [Sti] Lauter,
lauter, stich, stich die [Hau++++ster] Zickwolfin
todt,? stich, stich di⟨e⟩ Zickwolfi⟨n⟩ todt. Soll ich?
Muß ich? {Hör ich's da |no|au|ch, sagt's der Wind
15   auch?}* Hör ich's immer, immer zu, stich todt, todt.

⟨H 4,13⟩

Nacht.

Andres u. Wo⟨y⟩zeck in einem Bett.

Wo⟨y⟩zeck (schüttelt Andres)   Andres! Andres! ich
20   kann nit schlafen, wenn ich die Aug⟨en⟩ zumach, dreh't
sich's immer u. ich hör d. Geigen, immer zu, immer zu.

---

* Einfügungsstelle dieser (Rand-)Ergänzung in den Text nicht markiert,
daher unsicher.

[Hörst] und dann sprichts' {aus der Wand,} hörst du
nix?

And⟨re⟩s. Ja, – [sie ++++] laß si⟨e⟩ tanzen! [[der] Einer
ist müd, +++] Gott behüt uns, Amen, (schläft wi⟨e⟩-
der ein)   5

W⟨oy⟩zeck. [Es red⟨e⟩t immer, stich! stich,] und zieht
mir zwischen d. Augen wie ein Messer.

And. Du mußt Schnaps trinken u. Pulver d|re|r|in, das
schnei|d|d⟨e⟩|t das Fieber.

⟨H 4,14⟩   10

Wirthshaus.

Tambour-Ma+jor. Wo⟨y⟩zeck. Leute.

Tamb.-Majo⟨r⟩. Ich bin ein Mann! (schägt sich auf
die Brust) ein Mann sag' ich.
Wer will was? Wer kein b⟨e⟩soffner Herrgott ist der   15
laß sich von mir. Ich w|ill|ollt| ihm die Nas ins
Arschloch prügeln. Ich will – (zu Wo⟨y⟩zeck) da
Kerl, sauf, der Mann muß saufen, [{ich wollt di⟨e⟩
Welt wär ein Faß Brandewein.}] {ich wollt di⟨e⟩ Welt
wär Schaaps, Schnaps}   20

Wo⟨y⟩zeck [P→]pfeift.

Tambour Major Kerl, soll ich dir die Zung aus
dem Hals ziehn u. sie [dreimal] um den Leib herum-
wick|⟨e⟩ln|len|? (er sie ringen, Wo⟨y⟩zeck verliert) soll
ich dir noch soviel Athem lassen als ein Altweiber-   25
fu[z→]rz, soll ich?

Wo⟨y⟩zeck (sezt sich erschöpft zitternd) auf die Bank).

Tambourmaj⟨or⟩. Der Kerl soll dunkelblau pfeifen.

H|a|e|.   Brandewein das ist mein Leben
         Brandwein giebt courage!   30

E i n | er | e |.   Der hat sein Fett.
+ A n d e r | er | e |.   Er blut.
W o ⟨y⟩ z e c k.   Eins nach d. andern.

⟨H 4,15⟩

5   W o y z e c k. D. J u d e.

W o ⟨y⟩ z e c k.   Das Pistolchen ist zu theuer.
J u d.   Nu, kauftt's oder kauft's nit, was is?
W o ⟨y⟩ z e c k.   Was kost das Messer.
J u d.   S'ist ganz, grad. Wollt [d→]Ihr Euch den Hals
10   m+it abschneiden, nu., was is es? Ich gäb's Euch so
        wohlfeil wie einem andern, Ihr sollt Euern Tod wohlfeil
        haben, aber doch | nich⟨t⟩ | ni+t | umsonst. Was is es? {Er
        soll einen ökonomischen Tod haben}
W o ⟨y⟩ z ⟨e c⟩ k   Das kann mehr als Brod schneiden.
15 J u d.   Zwei Groschen.
W ⟨o y⟩ z e c k.   Da! (geht ab)
J u d.   Da! Als ob's nichts wär. Und {e}s' is doch Geld.
        Der Hund.

——⟨*VIELLEICHT ARBEITSLÜCKE; EIN DRITTEL DER*
20   *SEITE UNBESCHRIEBEN*⟩

⟨H 4,16⟩

⟨Marie. Das Kind.
Der Narr.⟩

Marie (allein){blättert in der Bibel.)} Und ist kein Betrug in seinem Munde erfunden. Herrgott. Herrgott!   5
Sieh mich nicht an. (blättert weiter: aber die Pharisäer
brachten ein Weib zu ihm, im Ehebruche b⟨e⟩griffen u.
stelleten sie in's Mittel dar. – Jesu+s aber sprach: so
verdamme ich dich auch nicht. Geh hin und sündige
hinfort nicht mehr. (schlägt d. Händ⟨e⟩ [)→]zusammen).   10
Herrgott! Herrgott! Ich kann nicht. Herrgott gieb mir
nur soviel, d⟨a⟩ß ich beten kann. (das Kind drängt
sich an sie) Das Kind, giebt mir einen Stich in's
Herz. Fort! Das [liegt in d+] brüht sich in der Sonne!
[+→]Narr (liegt u. erzählt sich Mährchen) an d. Fin-   15
gern) Der hat d. gold|ne|ene| Kro|n|ne|, d. Herr Kö-
nig. Morgen hol' ich der Frau Königi⟨n⟩ ihr Kind.
Blutwurst [u. Leberwurst,] sagt+: komm Leberwurst
(er nimmt das Kind u. wird still)

——⟨*VERMUTLICH DER REST DER SZENE IN ARBEITS-*   20
*LÜCKE BIS SEITENENDE NACHGETRAGEN**⟩

{Der Franz ist nit gekomm⟨en⟩, gestern nit, heut
ni[ch→]t, [(] es wird heiß hie. (sie ma[+→]cht das Fenster auf.) Und trat hinein zu seinen Füßen und wey-

---

* *Oder nur die beiden folgenden, graphisch leicht abweichenden Zeilen* Der
Franz *bis* Fenster auf.). *Für den Nachtrag bis zum Seitenende spricht auch,
daß der letzte – anscheinend nicht separat ergänzte – Satz der Szene* (Heiland *bis* Füße salben) *auf der untersten Zeile den sonst freien Rand ausfüllt.*

nete u. fing an seine Füße zu netzen mit Thränen u.
mit den Haaren ihres Hauptes zu trocknen u. küssete
seine Füße und salbete sie mit Salben. (schlägt sich
auf d. Brust) Alles todt! Heiland, Heiland ich
5   möchte dir di⟨e⟩ Füße salben}

⟨H4,17⟩

Kaserne.

Andres. Woyzeck, kramt in seinen
Sachen.

10 Wo⟨y⟩zeck.   Das Kamisolchen Andres, ist nit zur
Montour, du kannst's brauchen Andres. Das Kreuz is
meiner Schwester u. [+→]das Ringlein, ich hab auch
noch ei|n|nen| Heiligen, zwei Herzen und schön
Gold, es lag in meiner Mutter Bibel, und da steht:
15   Leiden s⟨e⟩y all mein Gewinst,
         Leiden s⟨e⟩y mein Gottesdienst,
         {Herr wie dein Leib [gewesen] {war} roth u. wund
         So laß mein Herz s⟨e⟩yn aller Stund.}*
     Meine Mutter fühlt nur noch, wenn ihr die Sonn auf
20   die Händ scheint[, p+++!]{.} Das thut nix.
Andres. (ganz starr, sagt zu Allem[,→]: ja wohl)
Wo⟨y⟩zeck. (zieht ein Papier hervor.) {Friedrich} Johann Franz Woyzeck, {geschworener} Füsilir im

---

* *Einfügungsstelle dieser (Rand-)Ergänzung in den Text nicht markiert,
daher unsicher; möglicherweise nicht als Zusatz zu den ersten zwei, auch
schon in »Lenz« verwendeten Versen, sondern als Alternative dazu intendiert.*

2. Regiment, 2. Batallon 4 Compagnie, geb. ⟨*VER-*
MUTLICH ARBEITSNOTIZ:⟩ – d. d. {Mariae Verkündi-
gung}* ich bin heut {d. 20. Juli} alt 30 Jahre 7 Monat-
⟨e⟩ u. 12 Tage.

A n d r e s. Franz, du kommst in's Lazareth. A++++ du   5
mußt Schnaps trinken u. Pulver d|re|r|in das tödt das
Fieber.

[|J|I|→] W ⟨o y⟩ z e c k. Ja Andres, wann der Schreiner die
Hobelspän [+→]sammelt, es weiß niemand, wer seinen
Kopf darauf legen wird.   10

---

* *Diese (erste) Textergänzung steht am linken Rand eng vor der ihr fol-*
genden (zweiten) Ergänzung d. 20. Juli, *die ihrerseits deutlich noch vor*
den ursprünglichen Zeilenanfang alt 30 Jahre ... *geflickt ist. Die Zuord-*
nung der ersten Ergänzung zum Text ist nicht markiert, und die Beurtei-
lung als Ersatz gerade für die Arbeitsnotiz – d.⟨e⟩ d.⟨ato⟩ *eine Zeile dar-*
über ist nicht auf ein graphisches, sondern nur auf ein inhaltliches Argu-
ment gestützt. Denn zwar ergeben sich weder vom Datum Mariae
Verkündigung *(25. März), noch von Woyzecks historischem Geburtsda-*
tum (3. Januar 1780) aus irgend stimmige Verhältnisse zum 20. Juli. *Doch*
Enrico de Angelis wies jüngst darauf hin (s. Fußnote 2 zum Nachwort),
daß 7 Monate u. 12 Tage *vor dem* 20. Juli *nicht* Mariae Verkündigung, *wohl aber das nur in der katholischen Kirche am 8. Dezember be-*
gangene Marienfest der (Unbefleckten) E m p f ä n g n i s *liegt. Büchner,*
im katholischen Kirchenkalender nicht sonderlich bewandert, notierte
also zuerst als noch unbestimmtes Ausgangsdatum: – d.⟨e⟩ d.⟨ato⟩ *und ein*
formelhaft bestimmtes Lebensalter, danach als bestimmtes Geburtsda-
tum irrtümlich Mariae Verkündigung *statt* ›Mariae Empfängniß‹ *und*
zuletzt das aus diesen Vorgaben errechnete Datum 20. Juli. *Daß damit,*
auf der letzten Manuskriptseite, die Spielzeit des Dramas gegenüber den
Hinweisen in H 1,15 *und* H 1,20 *(eher auf Mai) verändert wurde, bewegt*
sich im Rahmen weiterer Inkonsistenzen der durch die verschiedenen
Entwürfe nur fragmentarisch überlieferten Handlung.

Anhang

Schriftarten und Zeichen

Lese- und Bühnenfassung

Text Antiqua halbfett
Der Dramentext folgt der letzten überlieferten Handschrift H 4.

Text Antiqua mager
Der Dramentext ist mit Angleichung der ursprünglich abweichenden Sprechernamen an H 4 aus der Handschrift H 1 ergänzt.

Text Grotesk
Der Dramentext ist mit Angleichung der ursprünglich abweichenden Sprechernamen an H 4 aus der Handschrift H 2 ergänzt.

⟨TEXT KAPITÄLCHEN⟩
Herausgebertext.

+++
unleserliche Buchstaben.

Emendierter Text

⟨H 1,1⟩ ⇨ ⟨H 2,3⟩
Ausgangsszene (hier: H 1,1) und Zielszene (hier: H 2,3) werden am Szenenkopf angegeben. A u s n a h m e n : Gibt es zu einer Ausgangsszene mehrere Zielszenen (oder umgekehrt), so werden diese in der Marginalspalte verzeichnet. Dasselbe gilt, wenn kurze Passagen einer Szene nicht in die am Szenenkopf angegebene Zielszene übernommen werden, sondern in einer anderen Szene Verwendung finden.
Die Szenenangaben der Marginalspalte gelten so lange, bis sie von einer neuen Angabe aufgehoben werden.

⌐Text⌐

*Beginn und Ende einer Textpassage, deren Ausgangs-
oder Zielszene in der Marginalspalte verzeichnet ist.*

Text unterstrichen

*Textelemente, die in Ausgangs- und Zielhandschrift
sinngemäß übereinstimmen. Bei wörtlichen Übertra-
gungen oder Übernahmen markiert die durchgehende Unterstreichung eine durchgehende Übereinstimmung. Eine Unterbrechung der Unterstreichung be-
deutet, daß Büchner die Reihenfolge der Textelemente
änderte bzw. neue hinzufügte oder fortließ.*

~~Text durchgestrichen und unterstrichen~~

*Textelemente, die Büchner aus einer Ausgangshand-
schrift (H1, H2) in eine spätere Handschrift wörtlich
übertragen hat.*

Text fett und unterstrichen

*Textelemente, die Büchner in eine Zielhandschrift (H2,
H4) wörtlich übernommen hat.*

Text kursiv

*Textelemente, die in mehr als einer späteren Szene wie-
deraufgenommen werden (also etwa in H2,4 und
H4,13). Die Übernahmen werden in einer Fußnote
verzeichnet.
Wenn der angemerkte Textabschnitt allerdings der im
Szenenkopf oder in der Marginalspalte angegebenen
Wanderungsbewegung folgt, wird dies zusätzlich zur
Kursivierung mit Durchstreichung bzw. Fettdruck dar-
gestellt und in der Fußnote auf jede andere Übernahme
aufmerksam gemacht. Ist dies nicht der Fall, wird aus-
schließlich in einer Fußnote auf die Entsprechungen
in den unterschiedlichen Entwurfsstufen hingewiesen
(vgl. das Branntwein-Lied in der Szene H1,10).*

[Text]

von Büchner getilgt.

⟨TEXT KAPITÄLCHEN⟩
Herausgebererläuterungen (Szenenzählung, Arbeitslücken u. a.).

Differenzierter Text

Text gesperrt
Szenenüberschrift(en), Sprecherbezeichnung, von Büchner in der Regel unterstrichen (so auch Hervorhebungen im Sprechertext).

[Text]
von Büchner getilgt.

[a→]b
Überschreibung durch Büchner (b über a).

{Text}
von Büchner nachträglich eingefügt.

a̤b̤c̤
unsichere Entzifferung von Buchstaben oder Satzzeichen bei nicht gesicherter Wortlesung.

+, +++
nicht entzifferter Buchstabenansatz oder Buchstabe, Buchstabengruppe entsprechenden Umfangs.

a, bcd petit
innerhalb einer gesicherten Wortlesung graphisch nicht vollständiger oder eindeutiger Buchstabe, verschliffene Buchstabengruppe (in der verschliffenen Buchstabengruppe sind die graphischen Bestandteile an der Stelle der anzusetzenden Buchstaben nicht jeweils einem von ihnen eindeutig zuzuordnen; zugleich ist aus der insgesamt gesicherten Wortlesung und Büchners Schreibgewohnheit sicher zu erschließen, daß der graphische Befund für die Gesamtheit der Buchstabengruppe steht). B e s o n d e r h e i t : Da Büchners Schrift eine große Va-

*riationsbreite besonders der Buchstaben e, r, a, v und w
aufweist, sind in gesicherten Wortlesungen bei sonst
klarer Schreibung gelegentlich auch um einen Strich
defiziente, d. h. einstrichige Formen von e und r,
zweistrichige Formen von a und v sowie dreistrichige
Formen von w ohne diakritische Einschränkung wiedergegeben.*

|er|re| *und* |r̦|ș|
*alternative Deutungen des Befundes in der Reihenfolge
ihrer Wahrscheinlichkeit.*

T⟨e⟩xt
*vom Herausgeber ergänzte Buchstaben, wenn diese
(im Unterschied zur Verschleifung) graphisch eindeutig
fehlen, ihr Ausfall jedoch – durch zahlreiche Belege als
Büchners Schreibgewohnheit gesichert – eine Kontra-
hierung oder Abbrechungskürzung darstellt; Beispiele:
sy, by für s⟨e⟩y, b⟨e⟩y; ug für u⟨n⟩g; ei für ei⟨ne⟩ (in der zu-
grundeliegenden Edition T. M. Mayers sind in all diesen
Fällen kursive Buchstaben ohne Spitzklammern einge-
setzt).
Besonderheit: die Abkürzung H. für Herr(en)
wird unverändert, die entsprechende Abkürzung H mit
Abbrechungsschleife durch H⟨err(en)⟩ wiedergegeben.*

⟨TEXT KAPITÄLCHEN⟩
*Herausgebererläuterungen, Szenenzählung, Arbeits-
lücken u. a.*

Nachwort

1. Entstehung

Zwischen Ende 1835 und Mai 1836 arbeitete Büchner konzentriert an seinem Promotionsvorhaben. Das Ergebnis der Arbeiten, das *Mémoire sur le système nerveux du barbeau*, präsentierte er in drei Lesungen am 13. und 20. April sowie am 4. Mai 1836 vor der Straßburger »Société du Muséum d'histoire naturelle«, die daraufhin die Veröffentlichung der Abhandlung in ihrer Schriftenreihe beschloß. Bis Ende Mai überarbeitete Büchner die vorgelesene Fassung für den Druck, und erst Anfang Juni 1836 konnte er sich anderen Projekten zuwenden. Über sie berichtete er in einem Brief an seinen Freund Eugen Boeckel vom 1. Juni und einem ausschnittweise überlieferten Brief an den Schriftsteller Karl Gutzkow vom 31. Mai oder 1. Juni. Vor dem 1. Juni, so geht aus diesen Briefen hervor, habe er keine Zeit zum Dichten und also auch keine Zeit, Geld zu verdienen, gefunden, deshalb müsse er »eine Zeitlang vom lieben Kredit leben und sehen, wie ich mir in den nächsten 6–8 Wochen Rock und Hosen aus meinen großen weißen Papierbogen, die ich vollschmieren soll, schneiden werde«. Im Brief an Gutzkow kündigte Büchner offenbar »Ferkeldramen« an, die er jetzt schreiben wolle. Als erstes davon vollendete er das Lustspiel *Leonce und Lena*, das er Ende Juni 1836 an die Cotta'sche Buchhandlung schickte, die »einen Preis für das beste ein- oder zweiaktige Lustspiel in Prosa oder Versen ausgesezt«

hatte.[1] Wegen Terminüberschreitung wurde ihm das
Manuskript zurückgesandt. Vermutlich griff Büchner
daraufhin auf seinen wohl von Anfang an bestehen-
den und ab August mehrfach bezeugten Plan zurück,
einen Dramenband mit mindestens zwei Dramen
zu veröffentlichen. Von noch vorgesehenen Änderun-
gen abgesehen, lag mit der Wettbewerbsfassung von
Leonce und Lena eines dieser Dramen vor; das zweite,
Woyzeck, war noch zu schreiben, und Büchner dürfte
im Juli 1836 mit den Arbeiten zu *Woyzeck*, also der
Niederschrift der ersten Entwurfsstufe (H 1), begonnen haben.[2] Der Fortschritt dieser Arbeit läßt sich aus
einer Mitteilung Ludwig Büchners erschließen, in der
es heißt: »Außerdem muß er in derselben Zeit [d. h. im

---

1 Zuerst am 16. Januar 1836 in der »Außerordentlichen Beilage« zur *All-
   gemeinen Zeitung* (Augsburg/Stuttgart: J. G. Cotta, Nr. 24). Büchner
   lernte die Ausschreibung möglicherweise durch deren Veröffentlichung
   um Ende Februar in einem Beiblatt zu Lorenz Okens *Isis. Encyclopädi-
   sche Zeitschrift, vorzüglich für Naturgeschichte, vergleichende Anatomie
   und Physiologie* kennen (ermittelt von Udo Roth).
2 In seiner Einleitung zu Georg Büchners *Nachgelassenen Schriften*
   (s. Anm. 3) hat Ludwig Büchner vermutet, sein Bruder habe in Straßburg
   bis September 1836 ein (nicht erhaltenes) Drama über den italienischen
   Schriftsteller Pietro Aretino vollendet. Da aber Büchner unserer Kennt-
   nis zufolge in diesen Monaten an *Woyzeck* arbeitete, da er im Sommer
   1836 nachweislich mit anderen Aufgaben überhäuft war und man sich
   kaum vorstellen kann, daß er für die Vorbereitung und Niederschrift eines weiteren Stückes Zeit gehabt hätte, bewerte ich diese Vermutung als
   sehr unwahrscheinlich. – Enrico de Angelis hat die These aufgestellt,
   »*Woyzeck* sei Büchners erstes Drama, begonnen am 8. Dezember 1833 in
   Darmstadt, fortgesetzt bis zum 20. Juli 1834 in Gießen« (*Woyzeck:* Büchners erstes Drama. In: Germanisch-Romanische Monatsschrift 47, 1997,
   S. 91–100, hier S. 91). Diese ohnehin nicht wahrscheinlich zu machende
   Frühdatierung wird zwingend widerlegt durch die von Büchner verwen-
   deten Papiersorten und ist deshalb auszuschließen (vgl. Thomas Michael
   Mayer: Zur Datierung von Georg Büchners philosophischen Skripten
   und *Woyzeck* H 3,1. In: Georg Büchner Jahrbuch 9, 1995–99 [im Druck]).

Sommer 1836] noch ein zweites Drama vollendet haben [...]; wenigstens schreibt er im September 1836, nachdem er von zwei fertigen Dramen schon in früheren Briefen gesprochen: ›Ich habe meine zwei Dramen noch nicht aus den Händen gegeben, ich bin noch mit Manchem unzufrieden und will nicht, daß es mir geht, wie das erste Mal. Das sind Arbeiten, mit denen man nicht zu einer bestimmten Zeit fertig werden kann, wie der Schneider mit seinem Kleid.‹«[3]

Die von ihm fertiggestellten Schriften zeigen, daß Büchner in der Lage war, sehr viel in sehr kurzer Zeit zu bewältigen; zugleich aber neigte er anscheinend zu optimistischen Einschätzungen in Terminfragen, und wenn er im September, vielleicht schon im August, mit Blick auf *Leonce und Lena* und *Woyzeck* von »zwei fertigen Dramen« sprach, so sollte man diesen Optimismus in Rechnung stellen. Die brieflichen Mitteilungen erlauben deshalb zwar nicht den Schluß auf ein fertiges *Woyzeck*-Drama, aber doch immerhin die Vermutung, daß Büchner zu dieser Zeit mindestens bis zur zweiten Entwurfsstufe (H 2) gelangt war. Wie noch auszuführen ist, können wir aus der verwendeten Papiersorte außerdem schließen, daß er die Niederschrift von *Woyzeck* H 4 vor seiner Übersiedlung von Straßburg nach Zürich, d. h. vor dem 18. Oktober 1836, zumindest begonnen hatte.

Daß Büchner das Drama nicht schneller abschließen konnte, ist angesichts seiner übrigen Arbeitsbe-

---

3 Einleitung in: Georg Büchner: Nachgelassene Schriften. [Hrsg. und eingel. von Ludwig Büchner.] Frankfurt a. M.: Sauerländer, 1850, S. 1–50, hier S. 37.

lastung nicht verwunderlich. Unbedingt erforderlich
zur vereinfachten Abwicklung des Promotionsverfahrens in Zürich war, daß Büchner das *Mémoire* zumindest in Form eines Korrekturabzugs einreichen
konnte, was vermutlich ab Ende Juli der Fall war.[4]
Gleichzeitig mußte er sich auf die Lehrtätigkeit in
Zürich vorbereiten, und eine Reihe von Dokumenten
lassen erkennen, daß er dies im Sommer und Herbst
1836 tatsächlich als seine Hauptaufgabe betrachtete.
Wesentlicher Ertrag dieser Arbeit sind die umfangreichen philosophiegeschichtlichen Vorlesungsskripten
zu Cartesius (Descartes) und zu Spinoza. Die Verwendung eines ausgeschiedenen Doppelblattes der
Wettbewerbsreinschrift von *Leonce und Lena* für die
7. Bogenlage des *Cartesius*, weitere Daten zu Büchners Plänen für eine Dozentur in Philosophie sowie
die Papieridentitäten zwischen den *Woyzeck*-Handschriften und der *Spinoza*-Vorlesung lassen es als
sicher erscheinen, daß Büchner den weitaus größten
Teil der philosophischen Vorlesungen zwischen Ende
Juni und Mitte Oktober niederschrieb,[5] so daß ihm
dafür nur dreieinhalb Monate Zeit blieben. Unter
welchem Zeitdruck er angesichts dieser Aufgaben
stand, wird durch die von Ludwig Büchner mitgeteilten Familienerinnerungen bestätigt: »Seine Mutter
und Schwester, die ihn diesen Sommer in seinem Exil
besuchten, fanden ihn zwar gesund, aber doch in einer
großen nervösen Aufgeregtheit und ermattet von den
anhaltenden geistigen Anstrengungen.«[6] Im übrigen

4 Vgl. Thomas Michael Mayer (s. Anm. 2).
5 Vgl. ebd.
6 Einleitung (s. Anm. 3), S. 33.

ist die Arbeit an *Woyzeck* als Teil eines Dramenbandes
durch einen weiteren Brief bezeugt. Am 2. September
1836 schrieb Büchner, vermutlich an seinen Bruder
Wilhelm: »Ich habe mich jetzt ganz auf das Studium
der Naturwissenschaften und der Philosophie gelegt,
und werde in Kurzem nach Zürich gehen, um in
meiner Eigenschaft als überflüssiges Mitglied der Gesellschaft meinen Mitmenschen Vorlesungen über etwas ebenfalls höchst Ueberflüssiges, nämlich über die
philosophischen Systeme der Deutschen seit Cartesius und Spinoza, zu halten. – Dabei bin ich gerade
daran, sich einige Menschen auf dem Papier todtschla-
gen oder verheirathen zu lassen, und bitte den lieben
Gott um einen einfältigen Buchhändler und ein groß
Publikum mit so wenig Geschmack, als möglich.«

Aus Wilhelm Schulz' *Nekrolog* wissen wir, daß
Büchner *Leonce und Lena* »zu Zürich vollendete«.[7] Ob
und in welchem Umfang er in Zürich außerdem an
Woyzeck arbeitete, wissen wir nicht, und die Zeugnisse
über den Fortgang der dichterischen Arbeiten in dieser
Zeit sind spärlich. In einem Brief an Wilhelmine Jaeglé
vom 20. Januar 1837 schrieb Büchner von seiner
»Freude am Schaffen meiner poetischen Produkte«.
Weiter schrieb er: »Der arme Shakspeare war Schreiber
den Tag über und mußte Nachts dichten, und ich,
der ich nicht werth bin, ihm die Schuhriemen zu lösen,
hab's weit besser.« Vermutlich im selben Brief, jeden-

7 [Wilhelm Schulz]: Nekrolog. In: Schweizerischer Republikaner.
Nr. 17. Zürich, 28. Februar 1837. – Wiederabdr. in: Georg Büchner:
Gesammelte Werke. Erstdrucke und Erstausgaben in Faksimiles. Hrsg.
von Thomas Michael Mayer. Bd. 9. Frankfurt a. M.: Athenäum Verlag,
1987, S. [3].

falls aber – wie Ludwig Büchner sich ausdrückt – »kurz
vor Beginn der tödlichen Krankheit«, teilte Büchner außerdem mit, er werde »in längstens acht Tagen
Leonce und Lena mit noch zwei anderen Dramen erscheinen lassen.«[8] Ludwig Büchners Kommentar: »Diese Briefstelle ist räthselhaft«, trifft immer noch
zu, denn wir müssen entweder annehmen, ihr liege ein
schwer zu erklärender Schreibirrtum zugrunde, oder
aber es sei ein Drama, das Büchner in etwa zwölf Wochen in Zürich geschrieben haben müßte, verschwun-
den, ohne irgendeine Spur zu hinterlassen. Von diesem
Rätsel abgesehen, läßt sich den Briefstellen entnehmen,
daß Büchner um diese Zeit weiter an dem Dramenband
arbeitete und daß er das Ende seiner Arbeit »in längstens acht Tagen« absah – eine Zeitangabe, die auf *Woyzeck* bezogen als realistisch erscheint, denn zweifellos
hatte Büchner mit den *Woyzeck*-Handschriften einen
Stand erreicht, der es ihm ermöglicht haben könnte, das
Drama binnen einer Woche an einen Verlag zu geben.

2. Die überlieferten Handschriften

Grundlage jeder *Woyzeck*-Ausgabe ist ein heute im
Weimarer Goethe- und Schiller-Archiv liegendes titel-
loses Konvolut von Papieren, das Büchner bei seinem
Tod am 19. Februar 1837 hinterließ. Es handelt sich
um folgende Handschriften:[9]

---

8 Einleitung (s. Anm. 3), S. 39.
9 Genaue Beschreibungen finden sich in: Georg Büchner: Woyzeck. Fak-
   simileausgabe der Handschriften. Bearb. von Gerhard Schmid. Leipzig:
   Edition Leipzig, 1981, Kommentar S. 22–44.

5 Blätter in Kanzleiformat, gefaltet zu Doppelblättern
(Doppelblatt I–V) in Folioformat, jedes Doppelblatt
im Format 212–217 × 329–335 mm, dünnes Maschinenpapier

1 Einzelblatt in Quartformat, 168–170 × 210 mm,
dünnes Maschinenpapier

6 Blätter in Folioformat, gefaltet zu 6 Doppelblättern
in Quartformat, 164–165 × 205–207 mm, gelegt in 3
Lagen von je 2 Doppelblättern (Lage I–III), dünnes
Maschinenpapier

Spätestens seit den Untersuchungen von Gerhard
Schmid[10] ist sich die Büchnerforschung über die richtige Anordnung der einzelnen Doppelblätter und Lagen einig. Mit Ausnahme des Einzelblattes, das noch
diskutiert werden soll, gilt dieser Konsens auch für die
Frage, in welcher Reihenfolge Büchner die Manuskripte beschriftet hat. Auf den fünf Doppelblättern
in Folio notierte Büchner in zwei Stufen (H1 und
H2) erste Entwürfe und Szenen für das Drama. Auf
den drei Doppelblattlagen (H4) notierte er auf einer
»letzte[n] Entwurfsstufe«[11] den größeren Teil des geplanten Dramas.

Die Entwurfshandschrift H1

Büchner beschriftete zunächst die Doppelblätter I und
II (jeweils p. 1–4) sowie III (nur p. 1 oben) der Foliohandschrift und notierte damit eine Folge von szeni-

10 Vgl. ebd., S. 45–54.
11 Ebd., S. 53.

schen Entwürfen, die im wesentlichen den gesamten
Handlungsverlauf umfaßt. Dieser setzt hier ein mit den
Jahrmarktszenen (H 1,1–H 1,3), springt zu Szenen, in
denen die Eifersucht der Hauptfigur sowie erste Mord-
phantasien entstehen (H 1,4–H 1,13), und schließt ab
mit Szenen, die die unmittelbare Vor- und Nachge-
schichte der Tat zeigen (H 1,14–H 1,21). Die Verteilung
der Szenen auf die Doppelblätter ist wie folgt:

Doppelblatt I   p. 1: H 1,1 und H 1,2
                 p. 2: H 1,3, H 1,4 und H 1,5
                 p. 3: H 1,6, H 1,7 und H 1,8
                 p. 4: H 1,9 und H 1,10
Doppelblatt II   p. 1: H 1,11, H 1,12 und H 1,13
                 p. 2: H 1,14 und H 1,15
                 p. 3: Fortsetzung H 1,15, H 1,16 und
                        H 1,17
                 p. 4: Forts. H 1,17, H 1,18, H 1,19
                        und H 1,20
Doppelblatt III p. 1: H 1,21

   Die Szenenentwürfe sind unterschiedlich weit ausgearbeitet. Am einen Ende des Spektrums stehen die
Szenen H 1,3, H 1,9, H 1,12 und H 1,21. Sie sind bloße
Notate einer einzelnen kurzen Replik und halten nur
den Kern einer Situation fest. Am anderen Ende des
Spektrums stehen weiter ausgeformte Szenen wie
H 1,2, H 1,14 und H 1,17, die bereits wechselnde Situationen an einem szenischen Ort vereinen. In der
nur scheinbar längeren Szene H 1,11 sucht Büchner in
mehrmaligem Anlauf für ein und dieselbe Situation
den angemessenen sprachlichen Ausdruck. Das in H 1
Notierte dürfte den ersten zusammenhängenden Ent-

wurf zu dem Drama darstellen. Die zwei Hauptpersonen heißen auf dieser Stufe Louis und Margreth.

Die Entwurfshandschrift H 2

In einem zweiten Ansatz notierte Büchner eine erweiterte Version des ersten Dramendrittels, die vor dem
Handlungspunkt abbricht, der mit der Szene H 1,4
»Der Casernenhof.« bzw. der davon abhängigen spä-
teren Szene H 4,10 »Die Wachtstube.« erreicht ist.
Dem Jahrmarktskomplex (hier H 2,3–H 2,5) vorgela-
gert sind zwei Szenen, die den Protagonisten, jetzt
Woyzeck, und seine Geliebte, jetzt Louise, in Alltags-
situationen (Stöcke schneiden, Betrachten des »Zap-
fenstreichs«) zeigen. Weitere Szenen präsentieren
Woyzeck im Umgang mit Angehörigen der höheren
Schichten (Doktor und Hauptmann) sowie in einer
Konfrontation mit Louise (H 2,8). Letzter Eintrag in
der Handschrift ist ein kurzer Einfall für die später
realisierte Szene H 4,16. Die Szenen verteilen sich wie
folgt auf die Doppelblätter:

Doppelblatt III p. 1: H 2,1
              p. 2: Forts. H 2,1, H 2,2
              p. 3: Forts. H 2,2, H 2,3
              p. 4: H 2,4, H 2,5
Doppelblatt IV p. 1: H 2,6
              p. 2: Forts. H 2,6, H 2,7
              p. 3: Forts. H 2,7
              p. 4: Forts. H 2,7, H 2,8
Doppelblatt V p. 1: Forts. H 2,8, H 2,9

Von Doppelblatt V ist nur das erste Drittel der ersten
Seite beschriftet. Abgesehen von H 2,9 sind die Szenen
dieses zweiten Entwurfs bereits ausgearbeitet und ent-
halten eine längere Reihe von Repliken, gelegentlich
(H 2,2 und H 2,7) auch mehrere Auftritte.

Die Entwurfshandschrift H 4

Auf dieser fortgeschrittenen Entwurfsstufe folgte
Büchner zunächst der Entwurfshandschrift H 2, die er
um drei Szenen erweiterte. Er notierte H 4,1 und H 4,2
als Überarbeitungen von H 2,1 und H 2,2, ließ nach
der Szenenüberschrift »Buden. Lichter. Volk.« zwei
Drittel dieser Seite sowie die folgende Seite unbe-
schriftet, und zwar offenbar in der Absicht, das in
H 1,1–H 1,3 sowie in H 2,3 und H 2,5 vorliegende Material gelegentlich zu überarbeiten. Er schrieb neu die
Szenen H 4,4–H 4,6 (Marie wird beim Betrachten ge-
schenkter Ohrringe von Woyzeck überrascht, Woyzeck rasiert den Hauptmann, Marie trifft den Tambourmajor). Er versetzte die überarbeitete Konfronta-
tionsszene H 2,8 (jetzt H 4,6) weiter nach vorn und
ließ die überarbeitete Doktor-Szene (H 4,7) folgen,
woran wie schon in H 2 eine Straßenszene anschließt,
deren Schluß Büchner jedoch, da er die Handlungsfolge geändert hatte, nicht aus H 2 übernehmen
konnte und einstweilen offen ließ. In den folgenden
Teilen knüpft H 4 an die in den Szenenentwürfen
H 1,4–H 1,13 notierte Handlungsfolge an, die Büchner jedoch in den Einzelheiten deutlich abänderte. Die
Szenen H 4,15 und H 4,17 schrieb er neu; für H 4,16

griff er auf den in H 2,9 notierten Einfall zurück. Die männliche Hauptperson heißt weiterhin Woyzeck – in H 4,7 auch Franz –, die weibliche Hauptperson heißt jetzt Marie.

Die Szenen der Handschrift H 4 verteilen sich wie folgt auf die drei Lagen aus je zwei Doppelblättern:

Lage 1 p. 1: H 4,1
        p. 2: Forts. H 4,1, H 4,2
        p. 3: Forts. H 4,2
        p. 4: Forts. H 4,2, Überschrift für H 4,3, zwei Drittel der Seite unbeschriftet
        p. 5: unbeschriftet
        p. 6: H 4,4
        p. 7: Forts. H 4,4, H 4,5
        p. 8: Forts. H 4,5
Lage 2 p. 1: Forts. H 4,5
        p. 2: H 4,6
        p. 3: H 4,7
        p. 4: H 4,8
        p. 5: Forts. H 4,8
        p. 6: Forts. H 4,8
        p. 7: H 4,9
        p. 8: Forts. H 4,9, zwei Drittel der Seite unbeschriftet
Lage 3 p. 1: H 4,10
        p. 2: Forts. H 4,10, H 4,11
        p. 3: Forts. H 4,11
        p. 4: H 4,12, H 4,13
        p. 5: H 4,14
        p. 6: H 4,15
        p. 7: H 4,16
        p. 8: H 4,17

Vermutlich bei der Niederschrift von H 4 markierte Büchner folgende Szenen der Entwurfshandschriften durch einen (meist senkrechten) Strich als erledigt: H 1,4 / H 1,5 / H 1,6 / H 1,7 / H 1,9 / H 1,10 / H 2,1 / H 2,2 / H 2,4 / H 2,6 / H 2,8 / H 2,9.

Das Quartblatt H 3

Das Einzelblatt enthält auf der Vorderseite und der ersten Hälfte der Rückseite die Einzelszene »Der Hof des Professors.« (H 3,1), auf dem Rest der Rückseite die davon unabhängige Einzelszene »Der Idiot. Das Kind. Woyzeck.« (H 3,2). Mit dieser Szene notierte Büchner möglicherweise einen Zusatz zu der in H 1,14–H 1,21 niedergelegten Handlungsfolge. Es ist wahrscheinlich, daß dieser Entwurf spät, und es ist möglich, daß er sogar später als H 4 entstanden ist. Tatsächlich umstritten ist dagegen die relative Datierung der Szene H 3,1, wobei sich drei unterschiedliche Auffassungen gegenüberstehen. H 3,1 ist nach diesen Auffassungen entstanden (erstens) vor der Doktor-Szene H 2,6 oder (zweitens) zwischen H 2 und H 4 oder (drittens) sogar erst nach H 4. Im ersten Fall ist H 3,1 durch H 2,6 überholt, im zweiten Fall wahrscheinlich durch die Doktor-Szene H 4,8, im dritten Fall wäre H 3,1 ein »Ergänzungsentwurf«,[12] und

---

12 So dezidiert Henri Poschmann in: Georg Büchner: Sämtliche Werke, Briefe und Dokumente. Hrsg. von Henri Poschmann. Bd. 1: Dichtungen. Frankfurt a. M.: Deutscher Klassiker Verlag, 1992, S. 693. Poschmann kehrt deshalb die Siglierung um, sigliert also die letzte Entwurfshandschrift mit H3, das Quartblatt mit H 4.

Büchner hätte geplant, die Szene noch in die endgül-
tige Fassung zu übernehmen. Die einzelnen Argumente in dieser Debatte lassen sich hier nicht wieder-
holen.[13] Als deren Resümee und als Grundlage für die
hier getroffene Entscheidung läßt sich jedoch festhalten: Es ist wahrscheinlich, daß Büchner mit H3,1 eine
Alternative oder Ergänzung zu der in der Doktor-
Szene H2,6 festgehaltenen Situation ausprobierte.
Diese Möglichkeit verfolgte er jedoch bei der Niederschrift von H4 nicht weiter, denn der in H4 notierte
Handlungsverlauf läßt für die in H3,1 dargestellte Situation keinen Platz.[14] Aus diesem Grund ließe sich
eine Datierung, die H3 auf H4 folgen läßt, nur recht-
fertigen mit der zusätzlichen Annahme, Büchner habe
die in H4 fixierte Handlungsfolge in der Druckvorlage noch einmal radikal ändern wollen. Für diese Zu-
satzannahme gibt es indes keinen Anhaltspunkt.

Zur Beurteilung von H4

Innerhalb des Korpus der überlieferten Handschriften
Büchners stellen die fünf Doppelblätter in Folio (H1
und H2) durch ihr Format eine Ausnahme dar. Unter
den sonst überlieferten Handschriften gleichen einige

---

13 Zu Einzelheiten des älteren Diskussionsstandes und zu den Argumen-
   ten »gegen eine spätere zeitliche Einordnung« vgl. die Zusammenfas-
   sung bei Gerhard Schmid (s. Anm. 9), S. 34–39; Poschmanns Annahmen
   werden von Thomas Michael Mayer (s. Anm. 2) diskutiert und aufgrund des verwendeten Papiers m. E. zwingend widerlegt.
14 Vgl. Burghard Dedner: Die Handlung des *Woyzeck*: wechselnde
   Orte – »geschlossene Form«. In: Georg Büchner Jahrbuch 7 (1988/89)
   S. 144–170, sowie die kurze Skizze des Handlungsverlaufs unten S. 204 ff.

Schülerschriften, die Reinschrift von *Danton's Tod*,
die Vorlesungsskripten *Cartesius* und *Spinoza* sowie
das Exzerpt zur *Geschichte der Griechischen Philosophie* der Handschrift *Woyzeck* H4 sowohl im Quartformat wie in der Legung zu je zwei Doppelblättern.[15]
Die – vom Format her gesehen – deutliche Ausnah-
mestellung der Entwurfshandschriften H1 und H2
von *Woyzeck* rührt daher, daß sich hier ausnahms-
weise erste Entwürfe erhalten haben, während die
übrigen Handschriften meist gültige Rede- und Vor-
lesungsmanuskripte oder aber dichterische Manuskripte auf bereits weiter fortgeschrittenen Stufen
darstellen. Zwei Indizien, die Papiersorte und die
Sorgfältigkeit der Niederschrift, erlauben es, unter
den weiter fortgeschrittenen Manuskripten nochmals
zwei Gruppen zu unterscheiden. Die oben genannten
Manuskripte sind mit wenigen, durch Umstände er-
klärlichen Ausnahmen sämtlich auf handgeschöpftem
Papier geschrieben.[16] Die Handschrift H4 von *Woyzeck* ist dagegen ebenso wie H1 und H2 einerseits
sowie das im Quartformat vorliegende Bruchstück ei-

---

15 Die Doppelblätter der Handschrift H1 von *Leonce und Lena* haben das
   übliche Quartformat, die der »Probevorlesung« Großquartformat. In
   beiden Fällen verzichtete Büchner auf die Legung in je zwei Doppelblätter.
16 Das galt vermutlich auch für die (Wettbewerbs-)Reinschrift von *Leonce
   und Lena*, von der sich nur eine Replik auf einem bei der Niederschrift
   ausgeschiedenen Doppelblatt in Quartformat erhalten hat. Vgl. dazu
   Thomas Michael Mayer: Vorläufige Bemerkungen zur Textkritik von
   Leonce und Lena. In: Burghard Dedner (Hrsg.): Georg Büchner:
   Leonce und Lena. Kritische Studienausgabe, Beiträge zu Text und
   Quellen [...]. Frankfurt a. M. 1987, S. 89–153, hier S. 100–103. Zu den
   übrigen Handschriften vgl. Gerhard Schmid (s. Anm. 9), S. 53, Anm.
   124, sowie neuerdings Thomas Michael Mayer (s. Anm. 2).

ner fortgeschrittenen Entwurfshandschrift (H2) zu *Leonce und Lena* andererseits[17] auf Maschinenpapier geschrieben, und sie weist noch eine Vielzahl von Verschleifungen, Abkürzungen und anderen Elementen einer privaten, für die eigene Durchsicht bestimmten Niederschrift auf. Die Handschrift H4 ist also keine Reinschrift, sondern repräsentiert ein Zwischenstadium in der Werkentwicklung: sie ist ein Entwurf, nimmt aber in Charakteristika wie dem Papierformat, der Zurichtung in Lagen zu je zwei Doppelblättern, der weniger flüchtigen Handschrift oder auch der (weitgehenden) Freilassung eines durch Faltung hergestellten Randes Elemente einer Reinschrift vorweg. Jedoch ist anzunehmen, daß Büchner, um eine Druckvorlage zu erhalten, H4 noch einmal hätte abschreiben müssen.

Da die uns vorliegenden Handschriften keinerlei Bearbeitungsspuren zeigen, die auf eine weiter fortgeschrittene Reinschrift oder Druckvorlage schließen lassen, hat Gerhard Schmid geurteilt, die Existenz einer solchen Druckvorlage, also einer weiteren Handschrift des *Woyzeck* [H5], sei »mit hoher Wahrscheinlichkeit auszuschließen.«[18] Dem ist allenfalls entgegenzuhalten, daß H4 an einem Punkt abbricht, der einen sinnvollen Übergang zu der Situation von H1,14 und damit zu den Schlußszenen der Handschrift H1 erlaubt. Von diesen Schlußszenen sind einige – H1,14, H1,15 mit dem unmittelbaren An-

---

17 Vgl. Thomas Michael Mayer: Vorläufige Bemerkungen zur Textkritik (s. Anm. 16), S. 99 f. Der kompliziertere Fall der Handschrift H1 von *Leonce und Lena* sei hier außer acht gelassen.

18 Gerhard Schmid (s. Anm. 9), S. 54.

schluß in H1,16 sowie H1,17 – differenzierter und
breiter ausgearbeitet als die meisten früheren Szenen
in H1, und es ist deshalb immerhin denkbar, daß
Büchner die Handschrift H4 nicht fortsetzte, sondern
daß er die letzten Szenen auf Grundlage der Entwürfe
in H1 unmittelbar in der Reinschrift bearbeitete. Frei-
lich gibt es für diese Annahme keine zusätzlichen An-
haltspunkte.

3. Probleme und Möglichkeiten
einer *Woyzeck*-Edition

Editionsgeschichte

Über Büchners dichterischen Nachlaß berichtete Wilhelm Schulz in seinem *Nekrolog* vom 28. Februar
1837: »In derselben Zeit [d. h. in Straßburg] und später zu Zürich vollendete er ein im Manuskript vorlie-
gendes Lustspiel, L e o n c e u n d L e n a, voll Geist,
Witz und kecker Laune. Außerdem findet sich unter
seinen hinterlassenen Schriften ein beinahe vollende-
tes Drama, sowie das Fragment einer Novelle, welche
die letzten Lebenstage des so bedeutenden als un-
glücklichen Dichters L e n z zum Gegenstande hat.
Diese Schriften werden demnächst im Druck erscheinen.«[19] Etwa ein halbes Jahr später bot Georg Büchners Verlobte Wilhelmine Jaeglé dem jungdeutschen
Schriftsteller Karl Gutzkow Teile des Nachlasses zur
Veröffentlichung an und schickte ihm u. a. Abschrif-

---

19 [Wilhelm Schulz]: Nekrolog (s. Anm. 7), S. [3].

ten des Lustspiels *Leonce und Lena* und der *Lenz*-Fragmente. *Woyzeck* schickte sie ihm nicht; möglicherweise weil sie sich außerstande sah, die hinterlassenen Handschriften so zu ordnen, daß ein publikationsfähiges Werk daraus hätte entstehen können.

Büchners Brüder Ludwig und Alexander entzifferten in Vorbereitung der 1850 erschienenen Werkausgabe, der *Nachgelassenen Schriften*, wesentliche Teile des Dramas.[20] Daß sie davon nichts publizierten, dürfte sowohl auf Probleme der weiteren Entzifferung wie auf inhaltlich-ästhetische Bedenken zurückgehen. Ludwig Büchner berichtete 1850, es sei nicht gelungen, »die einzelnen Scenen, die entziffert werden konnten, [...] unter einander in Zusammenhang zu bringen«;[21] einer Mitteilung von Karl Emil Franzos zufolge erinnerte er sich aber später, im Frühjahr 1877, außerdem, daß ihn seinerzeit »nicht bloß die Schwierigkeit der Entzifferung, sondern auch der Inhalt« des Entzifferten an der Aufnahme des *Woyzeck* in die Werkausgabe gehindert habe.[22]

1875 machte sich der österreichische Schriftsteller Karl Emil Franzos nochmals an die Entzifferung des *Woyzeck*. Die Ergebnisse publizierte er 1875 in einem teilweisen Vorabdruck, 1878 vollständig in *Mehr Licht! Eine deutsche Wochenschrift für Literatur und*

---

20 Zu Einzelheiten vgl. Jan-Christoph Hauschild: Georg Büchner. Studien und neue Quellen zu Leben, Werk und Wirkung. Mit zwei unbekannten Büchner-Briefen. Königstein i. Ts. 1985, S. 85 f., sowie Thomas Michael Mayer: Vorläufige Bemerkungen zur Textkritik (s. Anm. 16), S. 115–117.
21 Einleitung (s. Anm. 3), S. 40.
22 Karl Emil Franzos: Über Georg Büchner. In: Deutsche Dichtung 29 (1901) S. 195–203, 289–300, hier S. 293.

Kunst[23] und dann nochmals 1880 in der von ihm herausgegebenen Werkausgabe *Sämmtliche Werke und handschriftlicher Nachlaß*[24] unter dem Titel *Wozzeck*. Franzos' mutige und verdienstvolle, wenn auch durch Lesefehler und willkürliche Entscheidungen geprägte Edition des Dramas bestimmte die breite und enthusiastische Büchner-Rezeption von den 1880er bis in die frühen 1920er Jahre. In manchen Zügen, so der durch nichts zu rechtfertigenden Plazierung der ›Rasierszene‹ H 4,5 an den Anfang des Stückes, wirkte sie nach bis in gängige *Woyzeck*-Drucke noch der letzten Jahre. Außerdem gab Franzos' Fassung des Dramas die Grundlage für Alban Bergs international erfolgreiche Oper *Wozzeck* von 1925.

Sowohl Franzos' editorische Fehlentscheidungen als auch ein Teil seiner Lesefehler, darunter die Fehllesung »Wozzeck« für »Woyzeck«, wurden von Georg Witkowski[25] und danach 1922 mit größerer Breitenwirkung in Fritz Bergemanns Edition *Sämtliche Werke und Briefe*[26] korrigiert. Leider wurde ein wesentlicher Fortschritt dieser Ausgabe, die korrekte Szenenanordnung, schon in der zweiten Auflage von 1926 wieder rückgängig gemacht. Eine wichtige, für

---

23 Nr. 1, 5. Oktober 1878; Nr. 2, 12. Oktober 1878; Nr. 3, 19. Oktober 1878. Wiederabdr. in: Georg Büchner: Gesammelte Werke (s. Anm. 7), Bd. 10.

24 Georg Büchner: Sämmtliche Werke und handschriftlicher Nachlaß. Erste kritische Gesammtausgabe. Eingel. und hrsg. von Karl Emil Franzos. Frankfurt a. M.: Sauerländer, 1879 [1880].

25 Georg Büchner: Woyzeck. Nach den Handschriften des Dichters hrsg. von Georg Witkowski. Leipzig: Insel Verlag, 1920.

26 Georg Büchner: Sämtliche Werke und Briefe. Auf Grund des handschriftlichen Nachlasses hrsg. von Fritz Bergemann. Leipzig: Insel Verlag, 1922.

die 1970er Jahre bestimmende Neuedition veranstal-
tete Werner R. Lehmann 1967 in der Ausgabe *Sämtliche Werke und Briefe*.[27] Ihr folgten 1981 die Faksi-
mile-Ausgabe des *Woyzeck* von Gerhard Schmid,[28]
deren Editionsbericht in den meisten Teilen bis heute
nicht überholt ist, 1990 eine von Thomas Michael
Mayer eingerichtete »Lese- und Bühnenfassung« des
Woyzeck,[29] die der hier vorgelegten bereits weitge-
hend entspricht, und schließlich die Edition des Dramas in der von Henri Poschmann herausgegebenen
Ausgabe *Sämtliche Werke, Briefe und Dokumente*.[30]
    Jeder Herausgeber des *Woyzeck* stand und steht vor
denselben Problemen, von denen einige hier genannt
seien.

Wortlesungen

Etliche Stellen in den Szenen H1,11 und H2,2, in den
Jahrmarktszenen H2,3–H2,5, in der Straßenszene
H2,7, aber auch in H4,7 und H4,11 sind nicht entzif-
ferbar. Hinzu kommen eine Reihe unsicherer Wortlesungen. Gelegentlich ist eine Lesung das Ergebnis auf-

---

27 Georg Büchner: Sämtliche Werke und Briefe. Historisch-kritische Aus-
    gabe mit Kommentar. Hrsg. von Werner R. Lehmann. Bd. 1: Dichtun-
    gen und Übersetzungen. Hamburg: Wegner, 1967. Etwas später er-
    schien die Ausgabe: Georg Büchner: Woyzeck. Texte und Dokumente.
    Kritisch hrsg. von Egon Krause. Frankfurt a. M.: Insel Verlag, 1969.
28 Vgl. Anm. 9.
29 Georg Büchner: Woyzeck. Ein Dramenfragment. Lese- und Bühnen-
    fassung. Eingerichtet von Thomas Michael Mayer. In: Georg Büchner:
    Woyzeck. Gezeichnet von Dino Battaglia. [Berlin]: Altamira, 1990,
    S. 24–44.
30 Vgl. Anm. 12.

wendiger Sachrecherchen, so in H 2,6, wo der Doktor
im Zusammenhang seines Sammelprojekts Lebewesen
nennt, von denen eines nur nach Konsultation zeit-
genössischer Handbücher annähernd zu entziffern
war,[31] oder auch in H 1,18, wo die bisherige unsichere
Lesung »Lochschanz« aufgrund von Nachforschun-
gen zu den Flurnamen in der Darmstädter Umgebung
und in Übereinstimmung mit dem handschriftlichen
Befund zu »Lochschneise« verbessert wurde.[32] Thomas Michael Mayers *Woyzeck*-Edition, von der diese
Ausgabe abgeleitet ist, bietet insgesamt acht neue
Wortlesungen. Andererseits hat Mayer entgegen bereits vorliegenden Entzifferungsversuchen etliche Stellen als nicht lesbar gekennzeichnet.

Gelegentlich kann auch eine längst verworfen ge-
glaubte Lesung im Lauf der Editionsgeschichte wieder
rehabilitiert werden. Das zeigt eine Stelle aus dem
letzten Dialog zwischen Louis [Woyzeck] und Margreth [Marie] in der Mordszene H 1,15. Das Beispiel
ist Mayers Nachwort zu seinem *Wozzeck*-Faksimile-
druck entnommen.[33]

Franzos bot 1875 im Erstdruck des *Wozzeck* in der
Neuen Freien Presse:

---

31 Vgl. Udo Roth: Das Forschungsprogramm des Doktors in Georg
    Büchners *Woyzeck* unter besonderer Berücksichtigung von H 2,6. In:
    Georg Büchner Jahrbuch 8 (1990–94) S. 254–278.
32 Vgl. Christian Schulz: »Links über die Lochschneise in dem Wäldchen,
    am rothen Kreuz«. Der Tatort im *Woyzeck*, sein Vorbild im ›Bessunger
    Forst‹ und weitere Darmstädter Anregungen. In: Georg Büchner Jahr-
    buch 9 (1995–99) [im Druck].
33 Georg Büchner: Gesammelte Werke (s. Anm. 7), Bd. 10, Nachwort
    S. [4].

Marie: Der Nachtthau fällt.
Wozzeck: [...] Wer kalt ist, den friert nicht mehr.
Dich wird beim Morgenthau nicht frieren.

Bergemann (im wesentlichen gefolgt von den späteren Editoren bis Lehmann 1967 und Bornscheuer 1972[34]) bot 1922:

> [Marie.] Ich muß fort, das Nachtessen richten.
> [Woyzeck.] Friert's dich, Ma[rie]? [...] Wenn man kalt ist, so friert man nicht mehr; du wirst vom Morgentau nicht frieren.

Gerhard Schmid las 1981:

> [Marie.] Ich muß fort, der Nacht[t]hau f[äl]lt.
> [Woyzeck.] Frierts' dich' Ma[rie] [...] wenn man kalt ist, so friert man nicht mehr. Du wirst vom Morgen[t]hau nicht frieren].

Dieser Lesung folgen – von kleineren Abweichungen abgesehen – die meisten heutigen *Woyzeck*-Ausgaben.

»Dialekt« im *Woyzeck*

Bei gesicherter oder annähernd gesicherter Wortlesung ergibt sich häufig ein weiteres editorisches Problem dadurch, daß eine Vielzahl von Wörtern aufgrund von Synkopierungen und Apokopierungen, also aufgrund von Vokalverlust im Wortinnern bzw.

---

34 Georg Büchner: Woyzeck. Kritische Lese- und Arbeitsausgabe. Hrsg. von Lothar Bornscheuer. Stuttgart: Reclam, 1972. (Universal-Bibliothek 9347.)

am Wortende, Alternativschreibungen und -sprechungen erlauben, von denen jeder Sprecher je nach Herkunft und Gelegenheit unterschiedlichen Gebrauch macht. So steht »andre« neben »andere«, »sehn« neben »sehen«, das »Geschehene« neben das »Geschehne«. Am letzten Beispiel sei die Schriftseite des Synkopierungsproblems erläutert. In der von Büchner verwendeten deutschen Kurrentschrift bildet man die Buchstaben »e« und »n« aus je zwei durch einen Schrägstrich verbundenen senkrechten Strichen, die zwar bei »e« enger zusammenstehen sollen als bei »n«, als Zeichen aber dennoch häufig kaum unterscheidbar sind. Deshalb sind die Zeichen für »das Geschehen« und »das Geschehne« mit vier Strichen nach dem zweiten »h« oft ähnlich, u. U. aber auch von der intendierten Schreibung »das Geschehene« nicht sicher unterscheidbar. Zwar erfordert dieses Wort sechs Striche nach dem zweiten »h«, jedoch bringen Schreiber, die für den privaten Gebrauch flüchtig Notizen machen, in der Regel nicht die Sorgfalt auf, alle nötigen Striche distinkt auszuführen. Für das Wort »benennen« wären z. B. nach dem »b« vierzehn Striche zu notieren. Deshalb ist bei syn- oder apokopierungsfähigen Wörtern oft unklar, ob der graphische Befund eine synkopierte bzw. apokopierte Form intendiert oder ob der Autor sich nicht vielmehr mit einer geringeren Anzahl von Strichen oder auch nur einer Verschleifung begnügte, wo er der Regel nach mehr Striche hätte setzen müssen. Aus demselben Grund ist häufig nicht entscheidbar, ob ein Schreiber die Singular- oder die Pluralform eines Wortes gemeint hat. So erlaubt der graphische Befund in einem Liedvers in

H 1,17 nicht die sichere Entscheidung, ob »Behalt dein Thaler« (apokopierte Singularendung) oder »Behalt deinen Thaler« (volle Singularendung) oder »Behalt deine Thaler« (Pluralendung) gemeint ist.

Das skizzierte Problem verschärft sich dadurch, daß apokopierte Formen auch ein regionalsprachliches Charakteristikum darstellen, und zwar gerade in dem hessischen Sprachgebiet, aus dem Büchner stammte. Dichtungssprachlich finden sich schon in Goethes *Götz* Formen wie »Nächt« für »Nächte« oder »Händ« für »Hände«; weitere Formen wie »en« für »einen«, »dein« für »deinen« bietet darüber hinaus die von Achim von Arnim und Clemens Brentano herausgegebene Volksliedsammlung *Des Knaben Wunderhorn*.[35] Dem entsprechen in *Woyzeck* Formen wie »Sonn« für »Sonne« (H 1,14), »Latern« für »Laterne« (H 4,2) oder »Löw« für »Löwe« (H 4,6). Dialektal mögliche Formen sind darüber hinaus z. B. »kriege« für »kriegen« oder »gehe« für »gehen« oder »gehn«. Hält man diese Dialektformen für von Büchner intendiert, so erlaubt eine verschliffene Endung bei dem sicher zu lesenden Wort »gehen« drei Deutungen: neben der vollen Form »gehen« die apokopierte »gehn« und die mundartliche Form »gehe«.

Die Editionsgeschichte zeigt, daß in den letzten dreißig Jahren die Editoren zunehmend zu mundartlichen Deutungen der Befunde neigten, wofür zwei Gründe verantwortlich sein dürften. Zum einen ver-

---

35 Zur Diskussion dieses Problems und mit weiteren Beispielen vgl. Thomas Michael Mayer: Thesen und Fragen zur Konstituierung des *Woyzeck*-Textes. In: Georg Büchner Jahrbuch 8 (1990–94) S. 217–238.

breitete sich (anscheinend durch Fernsehsendungen)
die Vorstellung, allein charakteristisches Merkmal des
»Hessischen« seien Schwundstufen der Endsilbe,[36]
zum anderen überboten sich die Herausgeber darin,
den graphischen Befund oder jedenfalls was sie dafür
hielten, scheinbar immer ›genauer‹ wiederzugeben.
Der erste *Woyzeck*-Editor, Karl Emil Franzos, dem
beide Vorstellungen noch fremd waren, bot 1880
z. B. eine Dialogpartie zwischen dem Hauptmann
und Woyzeck in der Szene H 2,7 folgendermaßen:
»Kerl, will Er sich erschießen? Er sticht mich mit seinen Augen!« In Woyzecks Antwort heißt es: »Gott im
Himmel! Man könnt' Lust bekommen, einen Kloben
hineinzuschlagen und sich dran aufzuhängen […].«

Daraus wurde – noch immer ohne »Dialekt«-Apo-
kopen – 1926 bei Bergemann: »Kerl, will Er – will Er
ein Paar Kugeln vor den Kopf haben? Er ersticht mich
mit seinen Augen«, und: »Sehn Sie, so ein schöner,
fester, grauer Himmel; man könnte Lust bekommen,
ein Kloben hineinzuschlagen und sich daran zu hängen […].«

Die »Lesefassung« der »Münchner Ausgabe« von
1988[37] bietet dagegen: »Kerl, will Er erschoß, will ei
paar Kugeln vor den Kopf haben? Er ersticht mich mit
sei Auge«, und: »Sehn Sie, so ein schön festen grauen
Himmel, man könnte Lust bekomm, ein Klobe hineinzuschlage und sich daran zu hänge […].«

---

36 Vgl. ebd., S. 219.
37 Georg Büchner: Werke und Briefe. Münchner Ausgabe. Hrsg. von Karl
    Pörnbacher, Hans-Joachim Simm und Edda Ziegler. München/Wien:
    Hanser, 1988.

Ähnlich steht in Poschmanns »Kombinierter Werk-
fassung« von 1992: »Kerl, will Er erschoß, will [Er] ein
Paar Kugeln vor den Kopf hab[en?] Er ersticht mich
mit Sei Auge«, und: »Sehn Sie so ein schön festen
grauen Himmel, man könnte Lust bekomm, ein Kloben hineinzuschlage und sich daran zu hänge […].«
    Eske Bockelmann hat 1991 in einem für die Text-
konstitution unserer Ausgabe grundlegenden Aufsatz
darauf hingewiesen, daß ein Transkriptionsverfahren,
das Verschleifungen oder Abbrechungskürzel als Dia-
lektsynkopen bzw. -apokopen deutet, wenn man es
auf Büchners philosophische Skripten anwenden
wollte, auch dort hessische »Dialekt«-Formen produ-
zieren müßte, daß also Büchner auch den Philosophen
Descartes mundartlich referiert hätte.[38] Weiter hat
Mayer erklärt, warum Schreibformen wie »ei«, »mei«,
»kei«, aber auch wie »bekomm« besonders häufig auftreten. Büchner verzichtete offenbar darauf, nach dem
i-Punkt oder dem Verdoppelungsstrich über »m« für
»mm« wieder auf die Grundlinie zurückzukehren, um
eine Wortschreibung zu komplettieren.[39] Demnach
scheint gesichert, daß der widersprüchliche und ästhe-
tisch abstoßende »Dialekt«, den die Figuren des *Woyzeck* in den Ausgaben der letzten Zeit sprechen, in
der Regel auf nichts anderes zurückzuführen ist als
auf Büchners konzeptschriftliches Verfahren und
dem nicht angemessene Editionsprinzipien. Das heißt
nicht, daß in *Woyzeck* nicht gelegentlich regional-

---

38 So eines der Argumente in dem Aufsatz von Eske Bockelmann: Von
    Büchners Handschrift oder Aufschluß, wie der *Woyzeck* zu edieren
    sei. In: Georg Büchner Jahrbuch 7 (1988/89) S. 219–258, hier S. 234 ff.
39 Vgl. Thomas Michael Mayer (s. Anm. 35), S. 224 f.

sprachliche Ausspracheformen auftreten. Neben den
›poetisch akzeptierten‹ Formen wie »nit« oder »Löw«
begegnen solche Formen im ›Nachbarinnen-Gezänk‹
zwischen Margreth und Marie in den Szenen H 2,2
und H 4,2, wenn Marie sagt: »Trag sie ihr Auge zum
Jud und laß sie sie putze, vielleicht glänze sie noch
[...].« Die Dialektapokopen sind in diesem Fall wie-
derholt und sorgfältig geschrieben, als solche offenbar
vom Dichter gewollt und also auch wiederzugeben.[40]

Alternativtext oder Zusatztext

Ein weiteres editorisches Problem sei noch kurz ange-
deutet. Alle zum *Woyzeck* überlieferten Handschriften sind Entwürfe, und in ihnen nutzte Büchner
selbstverständlich auch die Möglichkeit, nach oder neben dem zunächst niedergeschriebenen Text weitere
Einfälle zu notieren, ohne daß in jedem Fall klar wäre,
ob das Notierte als Alternative oder als Erweiterung
des zunächst Geschriebenen dienen sollte. Eindeutig
ist in dieser Hinsicht die scheinbar längere Szene
H 1,11, die aus mindestens drei varianten Ausgestal-
tungen desselben szenischen Einfalls besteht. In der
Handschrift hat Büchner dies dadurch ausgedrückt,
daß er die einzelnen Notate durch kurze waagerechte
Striche voneinander trennte. – In der Szene H 1,14 notierte Büchner zunächst einen Dialog der Kinder:
»S'ist nit schön« usw., später rechts daneben einen an-

---

40 Vgl. Eske Bockelmann (s. Anm. 38), S. 257; dazu Thomas Michael
    Mayer (s. Anm. 35), S. 233.

deren mit dem Abzählvers: »Warum? Darum!« Möglicherweise wollte er damit eine Alternative zu dem
links geschriebenen Dialog festhalten; im emendierten
Text der vorliegenden Ausgabe ist diese Möglichkeit
durch den parallelen Druck noch erkennbar, in der
Lese- und Bühnenfassung nicht mehr. Nachträglich
eingefügte Passagen mit nicht eindeutiger Bestim-
mung finden sich auch in der am sorgfältigsten geschriebenen letzten Entwurfshandschrift H 4, nämlich
in H 4,11, H 4,12 und H 4,17. So notierte Büchner in
H 4,17 am Rand neben den zunächst geschriebenen
Liedversen »Leiden sey all mein Gewinst, / Leiden sey
mein Gottesdienst,« zwei weitere Verse: »Herr wie
dein Leib war roth und wund / So laß mein Herz seyn
aller Stund.« Es ist möglich oder sogar wahrscheinlich, daß Büchner daran dachte, die zunächst geschriebenen Verse durch die am Rand notierten zu ersetzen.
In der Lese- und Bühnenfassung erscheint der nach-
getragene Text mangels anderer Darstellungsmöglich-
keiten dennoch als Zusatztext.

Probleme einer Lese- und Bühnenfassung

Aus dem überwiegenden, gut begründeten Konsens
der Forschung, daß H 4 die zuletzt gefertigte überlie-
ferte *Woyzeck*-Handschrift darstellt, ergibt sich die
wesentliche Regel für die Konstituierung einer Lese-
und Bühnenfassung. Diese muß dem letzten doku-
mentierten Willen des Autors entsprechen, und dieser
liegt offenbar in der Szenenfolge von H 4 vor. Auch ist
die dort festgelegte Handlungskette auf eine zwin-

gende Art in sich geschlossen, und nichts läßt darauf schließen, daß Büchner sie für die Reinschrift noch wesentlich verändert hätte.

Dem *Woyzeck*-Drama eine geschlossene Handlungskette zuzuschreiben, mag die Kritik vieler Leser hervorrufen, die im Anschluß an das Standardwerk von Volker Klotz[41] gewohnt sind, *Woyzeck* als Musterbeispiel der offenen Dramenform zu betrachten. Jedoch sollten diese Kritiker bedenken, daß Klotz nicht im eigentlichen Sinne Büchners *Woyzeck* analysiert hat, sondern seine Überlegungen auf Bergemanns *Woyzeck*-Edition von 1958 gründete, die ihrerseits in der Szenenfolge z. T. von Franzos' früherer Bearbeitung abhängig war. Die Handlungsfolge von Bergemanns Bearbeitung ist zweifellos »offen«; in der in H 4 entworfenen jedoch sind alle Szenen eng miteinander verknüpft, wie kurz skizziert werden soll.[42]

Die ersten drei Szenen fallen auf einen Abend, und Büchner hat sie mit den Angaben »Sie trommeln drin« (H 4,1) / »Der Zapfenstreich geht vorbey« (H 4,2), »Heut Abend auf die Messe« (H 2,2, nicht mehr in H 4,2) / »Buden. Lichter. Volk.« (H 4,3) eng miteinander verknüpft. Bei H 4,4 dachte Büchner, wie die gestrichene Angabe »Zu Mittag« noch andeutet, offenbar an eine Morgenszene. Sie zeigt Marie beim Betrachten des ihr vom Tambourmajor gegebenen Wer-

---

41 Volker Klotz: Geschlossene und offene Form im Drama. München 1960.

42 Vgl. Burghard Dedner (s. Anm. 14) und zuvor schon mit gleicher Tendenz Michael Patterson: Contradictions concerning Time in Büchner's *Woyzeck*. In: German Life & Letters 32 (1978/79) S. 115–121, sowie John Guthrie: Lenz and Büchner: Studies in Dramatic Form. Frankfurt a. M. / Bern / New York 1984.

bungsgeschenks und danach Woyzeck auf einem eiligen Besuch. Es folgen zwei von Woyzecks üblichen morgendlichen Pflichten (Rasieren des Hauptmanns H 4,5; Harnlassen beim Doktor H 4,8). Zwischen ihnen liegt eine Begegnung Maries mit dem Tambourmajor und die eifersüchtige Konfrontation Woyzecks mit Marie, eine Unterbrechung der Tagesroutine, die zugleich erklären mag, warum Woyzeck an diesem Morgen »auf die Straß gepißt« hat (H 4,8), statt vertragsgemäß seinen Harn dem Doktor abzuliefern. Die Szenen H 4,9–H 4,12 spielen vermutlich am Nachmittag desselben Tages, die anschließenden Szenen H 4,13–H 4,17 nachts und am darauffolgenden Tag. Maries Satz »Der Franz ist nit gekommen, gestern nit, heut nit« (H 4,16) macht den Zuschauer auf diese kurze Zeitspanne eigens aufmerksam. Auch ist der zeitliche Zusammenhang der Szenen untereinander in jedem Fall schlüssig. Aufbrechungen dieser Handlungsfolge durch Umstellungen von Szenen oder durch Einfügung ganzer Szenen aus früheren Handschriften lassen sich mit geschmacklichen Erwägungen oder Bemühungen um Textrettung nicht hinreichend begründen. Sie zerstören die Stringenz der Handlung und stehen im Widerspruch zu der maßgeblichen, letzten Handschrift des Dichters.

H 4 endet an einem Punkt, wo Woyzeck sein Eigentum verschenkt, und das heißt zugleich: zur Tötung Maries entschlossen ist. Dies erlaubt es, die mit H 1,14 beginnende Szenenfolge unmittelbar an H 4,17 anzuschließen. Auch zeitlich schließt der mit H 1,14 beginnende Handlungsablauf bruchlos an H 4,17 an, und wiederum sind die Szenen eng untereinander ver-

knüpft. In H1,14 holt Woyzeck Marie zu dem Gang
ab, auf dem er sie ersticht (H1,15), die Schreie der
Sterbenden hören vorbeikommende Leute (H1,16).
Der an Hand und Ellenbogen blutige Woyzeck flüch-
tet aus dem Wirtshaus (H1,17) zurück zum Tatort
(H1,19) und wirft das Messer in den Teich (H1,20).
Die als hinzukommend von Woyzeck wahrgenomme-
nen Leute (H1,19) waren in der vorangehenden Szene H1,18 mit dem Satz »Sie sind schon alle hinaus«
bereits angekündigt worden. In ihr wurde gezeigt,
daß sich die Nachricht vom Mord verbreitet hat und
daß auch die Kinder bereits hinauslaufen. Zu einer
der Handschrift widersprechenden Umplazierung dieser Kinderszene, wie sie nach Lehmanns Vorbild die
Münchner Büchner-Ausgabe und Poschmann vor-
nehmen, besteht kein Anlaß. Das dafür angeführte
Argument lautet: da Kinder nachts schlafen, könne
die Szene nicht nachts spielen, folglich müsse man sie
in die Morgenstunden und jedenfalls auf einen Zeit-
punkt nach der Teichszene H1,20 verlegen.[43] Dieses
Argument ist offensichtlich aus dem Erfahrungshori-
zont heutiger mittelständischer Kindererziehung ge-
schöpft,[44] an den Lebensgewohnheiten plebejischer
Schichten des 19. Jahrhunderts, in denen Eltern und
Kinder auf engstem Raum lebten und deshalb notge-
drungen auch die nächtlichen Erfahrungen teilten,
geht es vorbei.

43 Vgl. Werner R. Lehmann: Repliken. Beiträge zu einem Streitgespräch
   über den *Woyzeck*. In: Euphorion 65 (1971) S. 83; ähnlich Henri Poschmann: Probleme der *Woyzeck*-Edition. In: Georg Büchner: Woyzeck.
   Nach den Handschriften neu hrsg. und komm. von Henri Poschmann.
   Frankfurt a. M.: Insel Verlag, 1985 (Insel-Taschenbuch 846), S. 154 f.
44 So schon Patterson (s. Anm. 42), S. 120.

Die vorliegende Ausgabe zahlt für ihre Treue zur handschriftlichen Überlieferung den Preis, daß sie zwei Szenen, die als besonders gelungen eingeschätzt werden, in die Lesefassung nicht aufnehmen kann. Es handelt sich um die beiden Szenen des Quartblattes H3. Die erste von ihnen (H3,1) ist in den geschlossenen Handlungsverlauf nicht integrierbar. In offenbarem Widerspruch zu Woyzecks psychischer Entwicklung hatte Lehmann diese Szene im Anschluß an H4,17, also zwischen die ›Testamentsszene‹ und den Mord, plaziert und dem Leser die Vorstellung zugemutet, Woyzeck wolle, nach Verteilung seiner Habe und bevor er Marie tötet, doch nicht versäumen, dem Doktor ein weiteres Mal zu assistieren. Poschmann plaziert die Szene unmittelbar nach den Jahrmarktszenen, wo sie den engen Zusammenhang zwischen dem abendlichen Jahrmarkt (H4,3) und den folgenden Morgenszenen unterbricht. Wahrscheinlicher ist dagegen die Annahme, H3,1 sei als Alternativentwurf zu der Doktor-Szene H2,6, jedoch vor H4 geschrieben und durch die Doktor-Szene H4,8 überholt. Für die Szene H3,2 läßt sich Vergleichbares nicht sagen, da unbekannt ist, wie Büchner den Dramenschluß gestaltet und ob er für diese tatsächlich sehr eindringliche Szene einen Platz gefunden hätte. So wurde hier die Entscheidung getroffen, das Dramenende nach der Handlungsfolge von H1 zu präsentieren. Auf die Möglichkeit, H3,2 an diese Handlungsfolge anzuschließen, wird jedoch eigens hingewiesen.

Die Konstitution einer Lesefassung aus den Szenen in H4 und den Schlußszenen von H1 scheint damit

grundsätzlich unproblematisch und geradezu zwingend. Unberührt davon bleibt das Problem einzelner
Szenen, die Büchner in H 4 nicht ausgeführt hat. Nach
der Begegnung zwischen dem Hauptmann und dem
Doktor in H 4,9 hat Büchner drei Viertel der Seite frei
gelassen, sicher weil er den Schluß der Szene H 2,7,
von der H 4,9 sonst abhängig ist, nicht mehr übernehmen konnte. Die in der Lesefassung gewählte, edito-
risch übliche Lösung, dennoch auf den Schluß von
H 2,7 zurückzugreifen, ist ebenso unbefriedigend wie
mangels einer Alternative unvermeidlich. Das gleiche
gilt für die wiederum im ganzen übliche Lösung, die
nicht ausgeführte Szene H 4,3 durch einen aus H 1 und
H 2 gezogenen Mischtext aufzufüllen.

4. Zu dieser Ausgabe

Die vorliegende Ausgabe von Georg Büchners *Woyzeck* fußt auf der kritischen »Studien- und Leseausgabe nach den Handschriften« von Thomas Michael
Mayer.[45] Sie gibt den Text auf drei Stufen wieder:

1. als »Lese- und Bühnenfassung«;
2. als »emendierten« (d. h. um eindeutige Schreibfehler
bereinigten) Text mit zusätzlicher Verzeichnung der
Textstellen, die Büchner von einer Entwurfsstufe zur
nächsten übernahm;
3. als typographisch »differenzierten« Text.

---

45 Georg Büchner: »Woyzeck«. Dramenfragment. Studien- und Leseausgabe nach den Handschriften. [Autopsie.] Hrsg. von Thomas Michael
Mayer. [In Vorb.]

Diese Darbietungsformen lassen sich je nach Lese-
interesse in verschiedener Reihenfolge und mit unterschiedlichen Akzenten rezipieren. Ein Leser, der – sei
es auch mit den nötigen Vorbehalten – *Woyzeck* als
›fertiges Drama‹ lesen will, wird zu der Lese- und
Bühnenfassung greifen und sich gelegentlich weiteren
Rat aus dem emendierten und dem differenzierten
Text holen. Ein stärker fachspezifisch orientierter Leser, den die handschriftlichen Befunde interessieren,
wird sich zunächst in den differenzierten Text ein-
arbeiten und die Lese- und Bühnenfassung möglicherweise sogar ignorieren. Einen anderen, ebenfalls
fachspezifisch orientierten Leser mag es dagegen
reizen, Büchners dichterisches Verfahren kennenzulernen und Kontinuität, Varianz und ›Anwachsen‹ des
szenischen Materials und damit zugleich die zuneh-
mende psychologische und sozialkritische Präzision
des Dramentextes mitzuverfolgen. Dieser Leser wird
sich neben dem differenzierten vor allem dem emendierten Text und hierbei wiederum der Verzeichnung
der Textübernahmen zuwenden.

Lese- und Bühnenfassung

Zur Begründung dieser Fassung wurde oben alles
Notwendige gesagt. Die Lesefassung folgt bis zur 17.
Szene der letzten Entwurfshandschrift H4, danach
der ersten Entwurfshandschrift H1. Die dritte Szene
ist durch Material der Jahrmarktszenen in H1 und
H2, die neunte Szene ist in ihrem zweiten Teil durch
den zweiten Teil von H2,7 aufgefüllt. Von Mayers

»Studien- und Leseausgabe« unterscheidet sich diese
Fassung durch einige wenige redaktionelle Eingriffe in
folgenden Bereichen: vereinheitlichende Interpunk-
tion bei Sprecherbezeichnungen; Verzicht auf den
Ausweis von Emendationen bei Sprecherbezeichnungen; Wegfall gelegentlicher Kommata am Ende einer
Replik; Vereinheitlichung der bei Büchner öfter auf-
tretenden Umlautschreibung »laüft« zu »läuft«. Über
die verwendeten typographischen und diakritischen
Zeichen informiert das Verzeichnis S. 171–174.

Emendierter Text

Die Darbietung dient zunächst den üblichen Zwecken
eines kritischen Textes: sie gibt den Text der Entwurfshandschriften H 1, H 2, H 3 und H 4 in der dem doku-
mentierten Willen des Verfassers möglichst entsprechenden Gestalt wieder. Sie soll es dem Leser außerdem
mit optisch möglichst einfachen und eindringlichen
Mitteln ermöglichen, Büchners dichterische Verfah-
rensweisen bei der Erarbeitung der einzelnen Entwurfsstufen kennenzulernen. Deshalb haben wir mit
Hilfe einfacher Auszeichnungen (Durchstreichungen,
Unterstreichungen, Kursivierungen, Fettsetzungen)
und durch Anmerkungen kenntlich gemacht, welche
Elemente einer früheren Entwurfshandschrift in einer
späteren wieder auftauchen bzw. welche Elemente einer späteren Handschrift Büchner aus einer früheren
entweder unverändert oder in leichter Variation übernahm. Um diese Wanderungsbewegungen darzustel-
len, mußten wir – gegen die Regeln einer emendierten

Ausgabe und entgegen der zugrunde gelegten Edition
Mayers – gelegentlich auch von Büchner gestrichenen
Text aufnehmen, nämlich immer dann, wenn Büchner
diesen entweder in einem späteren Entwurf wiederver-
wendet oder wenn gestrichener Text einer späteren
Entwurfshandschrift auf die Übernahme aus einer
früheren Handschrift zurückgeht. Dem Leser wird
auffallen, daß gelegentlich Textstellen, die auf den ersten Blick wie Übernahmen aus einer früheren Handschrift erscheinen, nicht markiert sind, so z. B. in H 4,9
die Szenenanweisung »(hält ihm den Hut hin)«. In diesem und in ähnlichen Fällen bis hin zu Satzzeichen handelt es sich bei dem nicht markierten Text um eine
emendierende Ergänzung der Edition.

Differenzierter Text

Ziel dieser Textdarbietung ist es, über den Zustand der
Handschrift, über Schwierigkeiten bei der Entzifferung des Dramentextes sowie über besonders gravie-
rende Unsicherheiten der Entzifferung zu informieren.
Gegenüber der »Studien- und Leseausgabe« von Thomas Michael Mayer wurden insbesondere die folgenden
Vereinfachungen vorgenommen: Mayer hat den Text-
befund mit emendierenden Tilgungen bzw. Ergänzungen diakritisch ausgezeichnet. Darauf wurde hier vollständig verzichtet; die editorischen Ergänzungen und
Tilgungen sind nur aus dem Vergleich des emendierten
mit dem differenzierten Text ersichtlich. Buchstaben,
die in Mayers differenziertem Text als nur im Ansatz
ausgeführte gekennzeichnet sind, werden in der vor-

liegenden Ausgabe ohne Einschränkung wiedergegeben. Abkürzungen wie »u.« für »und« oder »And.« für
»Andres«, aber auch Textabbrüche oder -verluste wie
»fr« für »frieren« (H 1,15) wurden ohne Ergänzung
belassen. In der letzten Replik von H 4,8 wurde bei
»|Z|z|eig« die Wiedergabe des Befunds vereinfacht.

Danksagung

Dank zu sagen ist zunächst und aus vielen Gründen
Thomas Michael Mayer, von dessen in Vorbereitung
befindlicher »Lese- und Studienausgabe« diese Ausgabe auf allen Ebenen (Lesungen, Darbietungsformen,
Siglierungen, Erläuterungen) abhängig ist. Mayer hat
darüber hinaus das langwierige Entstehen der vorliegenden Ausgabe in allen Stadien begleitet, Kritik geübt,
Anregungen gegeben, Korrekturen angebracht, Entscheidungen getroffen oder zu ihnen beigetragen.
Dank zu sagen ist danach Christian Schmidt, der als
Mitarbeiter der Forschungsstelle Georg Büchner die
Verzeichnung der Textübernahmen aus früheren in
spätere Entwurfsstufen selbständig erarbeitet hat und
auch die dafür verwendeten typographischen Signale
entwickelte; und schließlich Gerald Funk, dem es in
kurzer Zeit gelang, aus einer Konzeption ein druck-
fähiges Manuskript zu machen. In mancher Hinsicht ist
die Ausgabe ein Vorgriff auf den *Woyzeck*-Band der
»Historisch-kritischen Ausgabe der Sämtlichen Werke
und Schriften Georg Büchners«, die ich zusammen mit
Thomas Michael Mayer herausgebe.

Burghard Dedner

Inhalt

Georg Büchner

IN RECLAMS UNIVERSAL-BIBLIOTHEK

Dantons Tod. Ein Drama. 87 S. UB 6060 – dazu *Erläuterungen und Dokumente.* Von G. Funk. 208 S. UB 16034

Lenz – Der Hessische Landbote. Mit einem Nachw. von M. Greiner. 61 S. UB 7955

Lenz. Studienausgabe. Im Anhang: Johann Friedrich Oberlins Bericht »Herr L . . . . . .« in der Druckfassung »Der Dichter Lenz, im Steintale« durch August Stöber und Auszüge aus Goethes »Dichtung und Wahrheit« über J. M. R. Lenz. Hrsg. von H. Gersch. 88 S. UB 8210 – dazu *Erläuterungen und Dokumente.* Von G. Schaub. 176 S. UB 8180

Leonce und Lena. Studienausgabe. Hrsg. von B. Dedner und Th. M. Mayer. 88 S. UB 18248 – dazu *Erläuterungen und Dokumente.* Von A. Beise und G. Funk. 160 S. UB 16049

Woyzeck – Leonce und Lena. Hrsg. von B. Dedner. 86 S. UB 18420

Woyzeck. Studienausgabe. Nach der Edition von Th. M. Mayer. Hrsg. von B. Dedner. 211 S. UB 18007 – dazu *Erläuterungen und Dokumente.* Von B. Dedner unter Mitarb. von G. Funk und C. Schmidt. 325 S. UB 16013

Georg Büchner / Friedrich Ludwig Weidig: *Der Hessische Landbote.* Studienausgabe. Hrsg. von G. Schaub. 213 S. UB 9486

Philipp Reclam jun. Stuttgart

Erläuterungen und Dokumente

Eine Auswahl

---

zu Brecht, *Der kaukasische Kreidekreis.* 120 S. UB 16007 – *Leben des Galilei.* 231 S. UB 16020 – *Mutter Courage und ihre Kinder.* 208 S. UB 16035

zu Büchner, *Dantons Tod.* 208 S. UB 16034 – *Lenz.* 176 S. UB 8180 – *Woyzeck.* 325 S. UB 16013

zu Droste-Hülshoff, *Die Judenbuche.* 87 S. UB 8145

zu Dürrenmatt, *Der Besuch der alten Dame.* 93 S. UB 8130 – *Die Physiker.* 243 S. UB 8189

zu Eichendorff, *Aus dem Leben eines Taugenichts.* 120 S. UB 8198

zu Fontane, *Effi Briest.* 171 S. UB 8119 – *Frau Jenny Treibel.* 120 S. UB 8132 – *Irrungen, Wirrungen.* 148 S. UB 8146 – *Schach von Wuthenow.* 173 S. UB 8152

zu Goethe, *Egmont.* 165 S. UB 8126 – *Faust. Der Tragödie Erster Teil.* 301 S. UB 16021 – *Faust. Der Tragödie Zweiter Teil.* 358 S. UB 16022 – *Götz von Berlichingen.* 216 S. UB 8122 – *Iphigenie auf Tauris.* 156 S. UB 16025 – *Die Leiden des jungen Werther.* 192 S. UB 8113 – *Novelle.* 160 S. UB 8159 – *Torquato Tasso.* 230 S. UB 8154 – *Urfaust.* 168 S. UB 8183 – *Die Wahlverwandtschaften.* 260 S. UB 16048 – *Wilhelm Meisters Lehrjahre.* 398 S. UB 8160

zu Grass, *Die Blechtrommel.* 223 S. UB 16005 – *Katz und Maus.* 192 S. UB 8137

zu Hauptmann, *Bahnwärter Thiel.* 62 S. UB 8125 – *Der Biberpelz.* 104 S. UB 8141 – *Die Ratten.* 183 S. UB 8187 – *Die Weber.* 227 S. UB 16014

zu Heine, *Deutschland. Ein Wintermärchen.* 208 S. UB 8150

zu Hölderlin, *Hyperion.* 339 S. UB 16008

zu Hoffmann, *Das Fräulein von Scuderi.* 136 S. UB 8142 – *Der goldne Topf.* 176 S. UB 8157 – *Der Sandmann.* 176 S. UB 8199

zu Ibsen, *Nora (Ein Puppenheim).* 86 S. UB 8185

Philipp Reclam jun. Stuttgart